実務の悩みに答えます!

民事保全・執行

まるわかりQ&A

弁護士 野村 創［著］

学陽書房

は　し　が　き

　本書は、主に若手弁護士から頂いた保全・執行に関する質問にそのまま回答する、あるいは質問を少しアレンジして回答するQ＆A形式の書籍です。

　Q＆A形式の書籍としては、既に裁判官が執筆した、江原健志・品川英基編著『民事保全の実務［第4版］上・下』（金融財政事情研究会、2021年）、中村さとみ・劍持淳子編著『民事執行の実務［第5版］不動産執行編上・下』、同『民事執行の実務［第5版］債権執行・財産調査編上・下』（金融財政事情研究会、2022年）という、「公式Q＆A」とでもいうべきバイブルがあります。

　本書執筆にあたり、浅学非才の身としては「これ読んでください」との回答しか思い浮かばず、どう書くか悩んでいたところ、「差押えの定義って何だ？」という根本的疑問が生じました。条文を見ても「差し押さえる旨を宣言しなければならない。」（民執法45条1項）等と書いてあるだけであり、書籍を読んでもクリアカットな定義を見いだせませんでした。

　ひらめきを得て、難しいことは公式に委ね、本当に初歩の初歩の、「保全って何ですか？」ということから書けばよいのではないかと思い到り本書を書き上げました。

　もし、「公式Q＆A」に書いてあることが分からない、あるいは、そもそも保全・執行手続そのものが分からないという場合、本書は、そのような読者を想定して執筆したものですので、少しお役に立てるかもしれません。

　お役に立てれば望外の喜びです。

　令和5年9月

　　　　　　　　　　　　　　　　　　　　　　弁護士　野村　創

CONTENTS

第 1 章 民事保全・執行の基本に関する質問

第 2 章　受任時の注意点・費用に関する質問

第 3 章　保全手続に関する質問

第4章 強制執行手続に関する質問

第5章 財産開示手続に関する質問

凡　例

　法令等の内容は、2023 年 9 月現在施行のものによります。

　法令等および資料、判例の表記は次の略記表を参照してください。

法令その他

〈略記〉	〈法令名等〉
民訴法	民事訴訟法
民執法	民事執行法
民保法	民事保全法
不登法	不動産登記法
プロバイダ責任制限法	特定電気通信役務提供者の損害賠償責任の制限及び発信者情報の開示に関する法律
民訴規	民事訴訟規則
民執規	民事執行規則
民保規	民事保全規則
民執令	民事執行施行令
不登令	不動産登記令

判例

〈略記〉	〈裁判所名等〉
最判（決）	最高裁判所判決（決定）
高判（決）	高等裁判所判決（決定）

資料

〈略記〉	〈資料名等〉
民集	最高裁判所民事判例集・大審院民事判例集
判時	判例時報
判夕	判例タイムズ
金法	金融法務事情

〈判例の表記〉

　（正式）最高裁判所判決平成 15 年 1 月 31 日最高裁判所民事判例集 57 巻
　　　　1 号 74 頁

　（略記）最判平成 15 年 1 月 31 日民集 57 巻 1 号 74 頁

第 **1** 章

民事保全・執行の
基本に関する質問

 **「保全」ってどんな手続？**

Q 保全手続って何ですか？

A ①強制執行（→ **9** ）に備えて、暫定的に現状を維持するための手続と②著しい損害・急迫の危険を避けるため、判決等を取得する以前に、暫定的に権利者の望む結果を与える手続です。

1 民事保全と特殊保全

　まずつまらないですが、定義から。民事（通常）訴訟の本案訴訟を前提とする保全手続が「民事保全」です（民保法１条）。民事（通常）訴訟以外の手続を本案訴訟とする保全手続が「特殊保全」となります。特殊保全の例としては、行政事件訴訟における「仮の差止め」（行政事件訴訟法37条の５第２項）や発信者情報開示命令申立事件を本案とする「提供命令」（プロバイダ責任制限法15条）等があります（→ **47** ）。

　ざっくり「保全手続とは何か？」と言われれば、冒頭のとおり、①と②の２系統の回答となります。

2 民事保全の種類

　大きく分けて、仮差押え（民保法20条）と仮処分（同法23条）があります。

　仮処分は、更に「係争物に関する仮処分」（同法23条１項）と「仮の地位を定める仮処分」（同法23条２項）に分けられます。

　本書では、以後、前者を「係争物仮処分」、後者を「仮地位仮処分」と呼ぶこととします。

　この２つ、名称的には同じ仮処分ですが、効果は全く異なります。

今までの説明を図示すると、次のとおりとなります（本書では、特に断りのない限り、保全＝民事保全として記述を進めます）。

保全手続の全体像

・保全手続 ┬ ・民事保全 ┬ ・仮差押え（上記回答①）
　　　　　　│　　　　　├ ・係争物仮処分（上記回答①）
　　　　　　│　　　　　└ ・仮地位仮処分（上記回答②）
　　　　　　└ ・特殊保全（仮の差止め、提供命令等）

3　保全手続の2つの機能

　保全手続の説明としては、上記回答①と②のとおり、どうしても2系統に分けて説明せざるを得ません。

　これは、機能が異なる手続が「保全手続」という概念で括られているためです。

　上記回答①の強制執行の準備として行われるのが仮差押えと係争物仮処分です（→ **2** ）。

　上記回答②の暫定結果を与えるものが仮地位仮処分となります。満足的仮処分ともいいます。例えば、解雇された労働者が申し立てる「賃金仮払い仮処分」や「抵当権実行禁止仮処分」等です。決定がなされれば、暫定的に毎月賃金が支払われたり抵当権の実行（→ **13** ）が禁止される等の効果が発生します。強制執行は前提となっていません。

2 保全するのは何のため？

Q 仮差押えまたは係争物仮処分をやらないとどうなりますか？

A 苦労して判決を取っても、強制執行ができなくなる可能性が出てきます。やるべきであったのにやらなければ、弁護過誤のおそれがあります。

1 金銭請求系の場合

　訴訟の目的は権利の実現ですね。貸金返還請求訴訟であれば貸金の回収になりますが、判決を取って債務者の資産に強制執行（→ **9**）を行って換価・回収を図ることとなります。

　例えば、貸金返還請求訴訟提起前でも訴訟中でもいいですが、債務者（被告）がマンションを所有していることが分かりました。このまま保全手続を取らず判決取得して、いざ強制執行しようとしてしてみたらマンションの名義が変わっていました。こうなると他人名義の資産に強制執行できません。

　まあ、詐害行為取消とか考えられますが、また訴訟しなければいけませんし勝てる保証もないです。

詰みました。

2 物(もの)請求系の場合

　同様に、貸室明渡訴訟を考えてみましょう。この場合の目的は貸してる部屋から家財道具一切含めて出て行ってもらうこと、明渡しですね。これも判決を取って明渡しの断行執行（→ **61**）をすることになります。保全手続を取らず、判決取得して、いざ強制執行で現地を訪れたら、債

務者（被告）とは全然別人が訴訟の結審前から占有していたとなれば、債務名義（判決）の名宛人と別人なので強制執行できません。

　まあ、所有権に基づく返還請求は可能ですが、また訴訟しなければいけません。前訴は、全く無駄な手続だったことになります。

　詰みそうです。

3　判決までのフリー状態を防ぐ

　いずれもとても悲しい結末です。訴訟提起自体に、債務者（被告）の資産移転行為を禁止したりする実体法上の効果がないのですから、やむを得ません。判決までの間、フリー状態です。何でもできてしまいます。

　これを防止するのが、つまり判決取得までの間に、資産の移転や対象目的物の変動を禁止し、現状を維持するための手続が、狭い意味での保全手続で、仮差押えと係争物仮処分がこれに当たります（以下「狭義の保全」といいます）。

4　狭義の保全の類型

　大まかな類型としては次のとおりです。

狭義の保全の類型

・仮差押え
- ・不動産等（民保法47、48条）
- ・動産（同法49条）
- ・債権その他の財産権（同法50条）

・係争物仮処分
- ・（登記請求権）処分禁止（同法53、54条）
- ・（収去明渡権）処分禁止（同法55条）
- ・占有移転禁止（同法25条の2）

3　仮差押えと処分禁止の仮処分は何が違う？

Q 前問の解説にある貸金返還請求訴訟で、債務者（被告）所有のマンションがある場合、債務者（被告）の登記名義が第三者に変更されることを禁じたいのですから、処分禁止の仮処分を行うことになりますよね？

A 違います。マンション（区分所有建物）に対する不動産仮差押えをすることになります。

　仮差押えと係争物仮処分の違いは、後に予定される執行方法（→ **9**）の違いによるものです。

1　仮差押え＝金（かね）

　「金銭の支払いを目的とする債権について」執行不能のおそれ or 執行に著しい困難を生じるおそれ（民保法20条）がある場合に発令されるのが仮差押えです。**金銭請求系の訴訟**（貸金請求、代金請求、損害賠償請求等）の保全手続です。

　設問では貸金返還請求訴訟で、金目的ですから、当然に不動産（区分所有建物）仮差押えを行うことになります。

2　係争物仮処分＝物（もの）

　「現状の変更により、債権者が権利を実行することができなくなるおそれがあるとき、又は権利を実行するのに著しい困難を生ずるおそれ」（民保法23条1項）がある場合に発令されるのが係争物仮処分です。

　物（もの）請求系の訴訟（登記請求、明渡請求等）の保全手続です。

4 保全手続の発令要件は？

Q 保全手続の発令要件は何ですか？

A 被保全権利と保全の必要性が認められる場合です（民保法13条1項）。

　要件ではありませんが、担保の提供が原則として発令条件になります。担保の概要は、**7** を参照してください。

1　被保全権利（発令要件①）

　保全手続で保護の対象となる権利です。要は、本案訴訟における訴訟物で、基本的にはその請求原因事実を申立書に記載すればよいだけですが、必要に応じ、予想される抗弁の不存在事由や再抗弁事由も記載する必要があります（→**32**）。

2　保全の必要性（発令要件②）

　保全手続固有の要件は、保全の必要性です。どんなに被保全権利が堅くても、保全の必要性がなければ発令されませんので、**相対的に、保全の必要性が要件的には重要**と思います。

　仮差押えの保全の必要性は、執行不能のおそれor執行に著しい困難を生じるおそれがある場合です（→**36**）。

　係争物仮処分の保全の必要性は、現状変更によって、権利執行が不能になるおそれor実行に著しい困難を生じるおそれがある場合です（→**37**）。

　仮地位仮処分については次の **5** を参照してください。

5 仮地位仮処分の保全の
必要性って？

Q 仮地位仮処分の保全の必要性は、どういう場合に認められますか？

A 訴訟等で決着がつくまでの間に著しい損害を被り続ける場合や、時間をかけると権利実現が困難になるような場合です。典型例としては、**1**で触れた、被解雇労働者の賃金仮払いの仮処分や日照権侵害を理由とする建築禁止の仮処分等があります。前者では、収入が途絶えるので日々の生活に困窮するという状況が、後者では、建築物が完成してしまうと日照権確保がほぼ不可能になるという状況が保全の必要性を基礎づけます。

1 仮地位仮処分の特殊性

仮地位仮処分の条文上の要件は、「争いがある権利関係について、債権者に生ずる著しい損害又は急迫の危険を避けるため」（民保法23条2項）必要とする場合です（保全の必要性）。

仮差押えや係争物仮処分が強制執行の準備行為としての側面があるのに対し、仮地位仮処分は強制執行を前提としていません。両者は、効果・機能が異なる別個の手続と考えたほうがよいです。

2 厳格な要件

仮地位仮処分は、判決等なくして、自己の望む結果を実現できてしまう**満足的仮処分**です。ですので、被保全権利が相当確実なものであり（疎明（→**8**）ではなく、証明レベルと考えたほうがよいかもしれません）、保全の必要性もかなり高度なもの（日々損害を受け続ける、判決を取っても回復できないか、回復が難しい）が求められます。担保も高額です。

6 保全手続発令は相手に通知される?

Q 保全手続では、発令前に相手方（債務者）に通知等されますか?

A 狭義の保全では、債務者を審尋する必要がないので、発令前には一切通知されません。

仮地位仮処分では、審尋期日の呼び出しという形で通知がされます。

1 狭義の保全には「密行性」がある

狭義の保全の目的は、強制執行を行うまでの間、債務者の執行妨害的行為を防ぐことにありますが、事前に仮差押え等を行うことが債務者に察知されれば、債権者が訴訟提起を意図していることがバレてしまい、執行妨害的行為がなされる可能性が高まり、本末転倒の結果になってしまいます。

そのため、狭義の保全では、事前に債務者に通知等することなく、秘密裏に発令されます。これを**保全手続の密行性**といいます。

2 仮地位仮処分の必要的審尋

一方、仮地位仮処分は強制執行を前提としていませんので、密行性の要請は低くなります。それどころか、訴訟等の権利確定手続によらない満足的仮処分ですから、発令された場合の債務者の打撃は相当なものです。

このため、原則として債務者に反論の機会を与える必要があり（民保法23条4項）、実務上は、審尋期日を決めて、債務者の呼び出しを行います。実務的には、反論の機会を与える必要がある事件類型を、「要審尋事件」といいます。仮地位仮処分は、要審尋事件です。

7 保全事件の「担保」って何?

Q 保全手続でいう担保って何ですか?

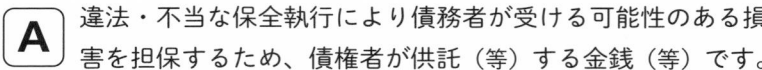

A 違法・不当な保全執行により債務者が受ける可能性のある損害を担保するため、債権者が供託（等）する金銭（等）です。

---

1 制度の趣旨

　保全手続は、「仮の」効力を与えるだけの暫定的なものです。しかも、その性質上迅速処理が求められますから、立証は証明でなく、疎明で足ります（→ **8** ）。さらには、密行性により、狭義の保全では債務者に反論の機会もなく発令されます。

　つまり、**結構ゆるゆるです。**

　一方で、発令されると債務者にとってかなりの打撃になります。例えば、預金を仮差押えされた場合、仮差押えされた金額の範囲内では、当該口座はロックされ使えなくなります。

　仮に、後の本案訴訟で債権者が敗訴した場合、保全手続は違法となり、これにより債務者には損害が発生します。

　この損害を担保するため、裁判所は債権者が担保提供（立担保）することを発令条件とすることができます（民保法14条１項）。

---

2 発令条件

　立担保は義務的ではないですが、実務上は金員仮払い系の保全手続を除き（背理なので。→ **34** ）、ほぼ確実に立担保が発令の条件となり、債権者が金銭供託（民保法４条１項）するのが通例です。

8 「疎明」って何?

Q 保全手続での立証は、疎明で足りると言われますが、疎明って何ですか?

A 一応確からしい（数字的には60％程度）というレベルの証拠提出行為です。また、証拠は原則として書証に限定されます。

1 要証事実の「疎明」で足りる

保全手続では、被保全権利及び保全の必要性を疎明する必要があります（民保法13条2項）。

2 疎明とする趣旨

保全手続はその性質上、迅速処理が求められます。原則的に債務者審尋も行いませんから、立証は、即時取り調べることのできる証拠に限定される疎明で足りるとした訳です（民訴法188条）。

なお、疎明の確信度を敢えて数字にすれば、異論もありましょうが60％程度確からしいというレベルかと思います。

3 疎明資料

疎明資料は、即時（裁判官の机の上で）取り調べできるもの限定です。ですので、当事者・証人尋問等は基本的にできません。

証拠は原則的として、書証に限定されます。

実務的には、当事者尋問等を代替するものとして、当事者または担当者の報告書が活用されています（→ **32**）。

9 「強制執行」ってどんな手続?

Q 強制執行って何ですか?

A 強制力（国家権力の助力）を背景とした権利実現手続です。

1 判決と強制執行の関係

　訴訟して判決を取得しても、それだけでは権利を実現できません。依頼者の中には、「判決を取れば後は裁判所がなんとかしてくれる」と思っている人も多いですが、**判決自体は強制執行を実行するためのいわば要件の1つに過ぎず**、実現すべき権利内容に応じて、強制執行手続を申し立てる必要があります。

2 強制執行の種類

　民事執行法に定める強制執行方法の概要をまとめると次頁の表1のとおりに整理できます。

　まず大きく、金銭執行（金回収系）と非金銭執行（主として物請求系）に大別されます。

　この区分けに即した狭義の保全が、それぞれ仮差押えと係争物仮処分に該当します（次頁表2）。

　なお、建物収去執行は、代替的作為義務ですので、代替執行に当たります。

　また、意思表示擬制（判決等に基づく単独登記申請が主たるもの）は厳密には執行ではありません。

表1　強制執行方法の一覧

請　求　権	対　　象	種　　別
金銭執行 （金銭請求）	不動産	強制競売（民執法45条）
		強制管理（同法93条）
	船舶	船舶執行（同法112条）
	動産	動産執行（同法122条）
	債権その他	債権執行（同法143条）
		振替社債等執行（同法167条）
非金銭執行 （物等の請求）		不動産引渡（同法168条）
		動産引渡（同法169条）
		代替執行（同法171条）
		間接強制（同法172条）
		子の引渡（同法174条）
		意思表示擬制（同法177条）

表2　保全と強制執行

請　求　権	対　象　物	保　全　手　続	強制執行手続
金銭	不動産	不動産仮差押え	強制競売
	動産	動産仮差押え	動産執行
	債権その他財産権	債権等仮差押え	債権執行等
明渡し	土地 or 建物	占有移転禁止仮処分	不動産明渡
建物収去	建物	処分禁止仮処分	代替執行
登記	不動産等	処分禁止仮処分	意思表示擬制

 「差押え」って何?

Q 差押えって何ですか?

A 金銭執行手続の流れの中の１つで、債務者の財産を拘束し、処分を禁止する執行機関（執行裁判所（＊）と執行官）の行為です。

一般用語として、金銭執行のことを単に「差押え」ということもあります。

＊ 執行手続を行う裁判所のことをいいます（民執法44条、144条等）。通常裁判所のほかに執行裁判所という官署があるわけではありません。

1 金銭執行手続の流れ

金銭執行手続の流れを大まかにいえば、債権者の申立てがあり、執行要件を満たしていれば、裁判所が開始決定等を発令します。

その後、

「差押え」→「換価」→「配当 or 弁済」

の手順を踏んで、最終的に債権者は、満足を得る（お金の回収）ことになります。

この換価・配当等の前に、対象となっている債務者の財産が処分されてしまっては手続の意味がないですから、まず、**財産を拘束して、他に処分することができなくする**必要があります。これが「差押え」です。

2 不動産差押え

不動産に対する差押えは、執行裁判所が差押えを宣言し（民執法45条１項）、債務者所有不動産に差押えの登記をすることによって行われま

す（同法48条）。

この登記は、裁判所書記官が嘱託で行いますので、債権者のほうで登記申請をする必要はありません。

差押えがなされても債務者は通常の用法による使用・収益はできますし（同法46条2項）、処分禁止といっても、差押えに反する処分行為の効力が絶対的に無効になるわけではなく、現実に売買等ができなくなるわけではありません。

ただ、差押えの登記が入ると、これに遅れる登記は、差押債権者に対抗できず、強制競売手続では無効であり無視されます。

これを**相対的無効とか相対効**といいます。

相対効について、簡単に説明します。次の図は、登記事項証明書を模式的に表したものです。

登記事項証明書と相対効

甲区	1	所有権移転	A→債務者	原因：売買
	2	差押え	差押債権者	原因：強制競売開始決定
	3	所有権移転	債務者→X	原因：売買

差押登記（2番）があっても、債務者→Xへの所有権移転登記（3番）は可能ですが、差押債権者に対抗できませんから（民法177条）、強制競売手続において、Xは、自己が所有者であること（第三者異議、民執法38条）を主張することはできません。

換価手続（期間入札）により買受人に所有権移転登記がされると、差押債権者に対抗できない権利取得（3番）は失効し（民執法59条2項）、3番登記は抹消されます（同法82条1項2号）。

以上のとおり、差押登記後に対象物件を取得等しても、強制競売手続が取消等により失効でもしない限り、あまり意味がありませんので、差押登記付きの物件を取得する人は、普通に考えればまず存在しません。**現実的な抑止効果**もあるということです。

3 動産差押え

　動産に対する差押えは、執行官がその動産を占有する方法で行われます（民執法123条1項）。

　現実的なオペレーションとしては、執行官が債権者またはその代理人と共に債務者の住居等を訪れ、場合によっては強制的に解錠し、家捜しする（同条2項）**結構ハードな手続**となります。

　差し押さえた動産は、換価処分までの間、執行官が保管することが原則ですが、現金・有価証券・貴金属等の保管しやすいものは別として、実務上は保管するのが大変なので、差押物件封印票を各動産に貼付して、それが困難であれば公示書を貼付するなどした上で債務者にそのまま保管させる（同条3項）ことが多いです。

　債務者がこれに反した行為を行うと封印等破棄罪（刑法96条）が問責されることとなり、一応、実効性が担保されます。

4 債権差押え

　債権に対する差押えは、執行裁判所が下記内容の債権差押命令を債務者及び第三債務者（債務者に対して債務を負っている者。債務者が預金口座等を有する金融機関等）に送達することで行われます（民執法145条1項・3項）。

　　債　務　者　→　債権の取立てその他の処分を禁止
　　第三債務者　→　債務者への弁済を禁止

　差押命令に反して、第三債務者が債務者に弁済を行っても、あるいは債務者が第三者に債権譲渡しても、強制競売事件における相対効と同様に、執行手続に参加する全ての債権者（配当要求債権者等、同法154条）に対して、弁済や債権譲渡の効力を対抗することができません。つまり、第三債務者は、二重払い（債務者や債権譲受人への弁済と債権者らへの弁済）の危険を負うことになりますので、実効性が担保されます。

5　その他の財産権差押え

　その他の財産権（不動産、船舶、動産及び債権以外の財産権）に対する差押えは、特別の定めがあるもののほかは、債権差押えと同じ方法で行います（民執法167条）。

　その他の財産権執行として、実務上多いのは、振替社債等（証券会社等が取り扱う株式、公社債等）に関する強制執行だと思います。

　要は、証券口座に対する強制執行です。

　この場合の差押えは、執行裁判所が下記内容の振替社債等差押命令を債務者及び「振替機関等（証券会社等）」に対して送達することで行われます（民執規150条の3）。

　　債　務　者　→　振替社債等の振替若しくは抹消の申請または取立
　　　　　　　　　　てその他の処分を禁止
　　振替機関等　→　振替社債等の振替及び抹消を禁止

6　「仮差押え」たる所以

　金銭執行に関する保全手続が「仮強制執行」等でなく「仮差押え」であるのは、仮差押えでは、「換価」と「配当 or 弁済」手続が予定されておらず、プレ「差押え」である「仮差押え」で手続が止まるためです。

　各仮差押えの保全執行は、各差押えとほぼ同様です。

11 「債務名義」って何?

Q 債務名義って何ですか?

A 端的に言えば、強制執行するために必要な文書です。もっともポピュラーなのは確定判決です。

1 債務名義とは

債務名義をもう少し堅くいえば、強制執行で実現を図るべき権利（給付請求権）の存在とその内容を公証する文書ということになります。

逆にいえば、**権利実現（強制執行）するために債務名義を取得する**ということになります。

債務名義なくして、強制執行はできません（民執法22条）。

2 債務名義の種類

債務名義となる文書は、民執法22条各号に列挙されていますが、実務上、よく使用するものは主に次のとおりです。

① 確定判決（同条1号）

② 仮執行宣言付判決（同条2号）

③ 仮執行宣言を付した支払督促（同条4号）

④ 強制執行認諾文言付公正証書（同条5号）

⑤ 確定判決と同一の効力を有するもの（同条7号）

  →和解調書（民訴法267条）、調停調書（民事調停法16条）、家事審判・調停調書（家事事件手続法75条、268条1項）、労働審判（労働審判法21条4項）等

 **12** 強制執行開始の要件は？

Q 債務名義さえあれば、即強制執行OKですよね？

A 債務名義だけじゃ駄目です。①債務名義に執行文の付与を受け、②債務名義が送達されていること（送達証明書の取得）が必要です。

1 執行文の付与

債務名義は強制執行の必要条件ですが、十分条件ではありません。強制執行を実施するためには、原則として、債務名義に執行文の付与を受ける必要があります（民執法25条）。これにより**「執行力のある債務名義」へと進化**します。

（単純）執行文の付与手続自体は簡単で、判決であれば、担当部に債務名義を持って執行文付与の申立てをすれば、その末尾に執行文を付けてくれます（同法26条）。

2 債務名義の送達

さらに、執行開始の要件として、債務名義等が債務者に送達されていることが必要です（民執法29条）。

これも手続的には簡単で、送達証明書を申請して取得し、強制執行の申立書に添付すればよいだけです。

3 執行開始に必要な書面

執行力ある債務名義と債務名義の送達証明書です。

13 「担保不動産競売」って何?

Q 競売と強制競売は同じものですか?

A まあ、同じことを指していると思いますが、一般的に「競売」というと「強制競売」と「担保不動産競売」をまとめた言い方になります。

債務名義に基づく不動産の強制執行手続が「強制競売」で、担保権(抵当権)の実行手続が「担保不動産競売」です。

1 実務での用語の使い分け

不動産を目的とする担保権はほとんど抵当権ですので以後、抵当権を念頭に説明しますが、その被担保債権である貸金等が焦げ付いたとき、伝家の宝刀として抵当権の実行＝担保物件の換価手続を行う訳です。これが担保不動産競売です(民執法180条1項1号)。

稀に「任意競売」という言葉を使う人もいます。これは旧競売法の用語で「担保不動産競売」のことを指してます。今は使わない用語です。

ややこしいですが「任意売却」という用語もあります。これは、競売ではなく、債務者が任意で担保物件を売却し、その売却代金で被担保債権を弁済することをいいます。

2 担保不動産競売

担保不動産競売事件には強制競売の規定が準用されますので(民執法188条)、手続の流れ的には強制競売と同じです。

「差押え」→「換価」→「配当 or 弁済」と進んでいきます。

なお、強制競売事件の事件番号は「(ヌ)」ですが、担保不動産競売の

事件番号は「(ケ)」となります。事件数的には、担保不動産競売のほう
が多く、令和4年度の司法統計を見ると強制競売の約2倍程の新受件数
で、全国で年間9,966件となってます。

3　開始要件

　強制競売の開始要件として、前問で説明したとおり債務名義は必ず必
要です。普通は訴訟して、時間と労力を掛けて判決を取ることになるで
しょうが、担保不動産競売の場合、開始要件的には、抵当権が登記され
たことを示す登記事項証明書を執行裁判所に提出すればよいだけで（民
執法181条1項3号）、極めて簡便です。**担保権が特急券**と呼ばれる所以
です。

　ただ、訴訟等の権利確定手続を経てませんので、ちょっと難しい話に
なりますが、債務者や所有者は請求異議訴訟（同法35条）によることなく、
執行異議または執行抗告で担保権の存否等を争うことができます（同法
182条）。

4　優先弁済効

　強制競売の場合、債権者は一般債権者に過ぎませんから、別の債権者
が強制競売を申立てして差押えが競合した場合、換価代金額が両差押債
権者の請求債権額の合計額未満であれば、債権者平等原則に従い、換価
代金額を請求債権額で按分した金額しか弁済（配当）を受けることはで
きません。**山分けです。**

　一方、担保不動産競売の場合、抵当権には優先弁済効がありますから、
強制競売の差押えと競合しても、被担保債権額（極度額）の範囲で換価
代金から優先的に弁済（配当）を受けることができます。抵当権者間では、
登記の順位番号に従って優先弁済を受けられます。**一人占めです。**

14 「期間入札」って何？

Q 期間入札とは何ですか？

A 競売事件（強制競売と担保不動産競売）における原則的換価方法です。入札期間を定めたオークションです。

1 入札と競り売り

競売事件及び動産執行の換価方法としては、「入札」と「競り売り」が原則的方法となります（民執法64条2項、134条）。

入札とは、入札書という書面に金額を記載させて執行官に提出させた後に開札して、「最高価買受申出人」（一番高値を付けた人）を決める方法で、幾らで入札したかはほかの入札者には分かりません。

入札は、さらに「期日入札」と「期間入札」に分かれます（民執規34条）。

期日入札というのは、入札日を決めて、その日にその場で入札させた上で開札する方法です。

一方、期間入札というのは、一定の期間（1週間が一般的です）を定めて、その期間に入札書を郵送または執行官に提出させ、別途定められた開札期日に最高価買受申出人を決める方法です。

競り売りとは、まさに青果市場の「せり」と同じで、競り売り期日にその場で買受希望者に価額を申し出させ、値段をつり上げさせる方法です。

このほか、最高裁判所規則に定める方法として、特別売却があります（民執規51条）。これは、入札等しても入札者がいなかったとき、早い者勝ちで対象物件を売却する方法です。

2 換価方法

　競売事件では、原則として期間入札の方法により換価手続が行われます。大昔は、期日入札の方法でやっていたのですが、これですと入札期日に入札希望者が一堂に会する必要があります。この際、強面の方々が他の参加者に睨みを利かして正常な競争が阻害されるという問題があったため、期間入札の方法によって行われることになったとのことです。

　一方、動産執行では、一般的に廉価であり、その場で決済可能ですから、原則として競り売りの方法により換価手続が行われます。

3 期間入札の流れ

　大まかな期間入札の流れです。まず不動産を差し押さえます。その後、執行裁判所は、売却準備として3点セット（→ **15**）を整えます。3点セットが整うと裁判所書記官が期間入札の決定（売却実施処分）を行い、債権者と債務者等の関係者に通知の上で期間入札開始の2週間以上前までに、公告します。公告にあわせてBIT（不動産競売物件情報サイト）という裁判所のWebサイトに期間入札の旨が3点セットと共に掲載されますので、広く買受希望者を募ることができます。

　買受希望者は、入札期間中に所定の入札書を郵送等により提出して入札に参加します。この際、保証金として売却基準価額の20%を提供する必要がありますので、冷やかしでは入札できません。

　入札期間の終期から1週間後に開札期日が開かれて、最高価買受申出人（1番札）が決定します。落札できなかった人にはすぐに保証金が返金されます。

　開札期日のおおむね1週間後に売却決定期日があり、売却許可決定が確定すると代金納付期日（1ヶ月後）が決められます。期日までに残金を納付すると晴れて所有権を取得することができます。

15 「3点セット」って何?

Q 3点セットって何ですか?

A 競売事件における以下の書類の総称です。
①現況調査報告書(通称:げんちょう)
②評価書
③物件明細書(通称:ぶつめい)

　なお、3点セットは、BIT(https://www.bit.courts.go.jp)で実物がダウンロード可能ですので、具体例が知りたい場合は是非参照してください。

1 売却準備

　競売事件では差し押さえた後に期間入札で換価しますが、対象不動産がどんな状況で、いくらくらいで、どんな権利関係があるか分からなければ恐ろしくて誰も買おうとしません。

　そこで、売却準備行為として、執行裁判所はこれらの調査を命じ、必要な資料を作成させます(→)。

2 現況調査報告書(回答①)

　開始決定が発令されると執行裁判所は執行官に対し、不動産の形状、占有関係その他の現況について調査を命じます(現況調査命令、民執法57条)。

　これを受けて、執行官は現地訪問等を行い(家屋内に立ち入り、写真等も撮影しますので内部状況が分かります)、上記の調査事項に関する調査結果をまとめて執行裁判所に提出します。目処としては1～2ヶ月後程

度です。これを「現況調査報告書」（現調：げんちょう）といいます。

　現調により、物件の状況（老朽化していて修理が必要とか件外建物があるとか越境しているとかの状況）や占有状況（占有者は誰かとかその占有権原は何かとか）を把握することができます。

3　評価書（回答②）

　現調と同様に、執行裁判所は「評価人」（不動産鑑定士）を選任の上で不動産の評価（鑑定評価）を命じ（評価命令、同法58条）、評価人は、その価格評価とその算出過程などについて記載した書面を執行裁判所に提出します。目処としては1〜2ヶ月後程度です。これを「評価書」といいます。

　評価は、現況評価で行われ、評価額が算出されます。なお、競売評価は、小売価格（正常価格）ではなく、**競売市場修正**として正常価格から20％〜30％（現時点の東京地裁の運用では20％）ほど減額して評価されます。競売手続は、正常売買ではなく買手にリスク（内覧原則不可、スムースに引渡しを受けられる保証がない等）があるのでこれを減価要因とする必要があるためです。

　この評価額に基づき、執行裁判所は「売却基準価額」を定めます（民執法60条1項）。

4　物件明細書（回答③）

　現調と評価書が提出されますと、執行裁判所は売却条件（買受人が引き受けることとなる賃借権・用益物権等や法定地上権の成否等）を確定させます。民事執行法は、消除主義を採用してますので、アバウトにいえば、最先抵当権者または差押債権者に対抗できない権利は売却により消滅します（同法59条1項、2項）。逆に、最先抵当権等に対抗できる賃借権等は売却で消滅せず、買受人が引き続き負担することとなります。

　この売却条件や競売物件に関する一定の情報（件外建物の存在や占有者の存在等）を記載した書面を「物件明細書」（物明：ぶつめい）といいます。

16 「配当」って何?

Q 配当って何ですか?

A 金銭執行において、換価された売却代金等を配当順位に従って差押債権者等に交付する手続です。

似て非なるものに弁済金交付手続があります(後述)。

配当または弁済金交付(配当等)により差押債権者は満足を得て、執行事件は終了します。

1 配当等の原資

配当等の原資(元手)になるのは、競売や動産執行にあっては期間入札等によって得た売却代金等です(民執法86条、139条1項)。

債権等執行の場合、色々とパターンがあって簡潔に説明するのが難しいですが、実務上多数を占めるのは、第三債務者が執行供託(同法156条1項、2項。→ 18)をした場合の供託金となります(同法166条1項1号)。

2 配当等を受けるべき債権者(競売)

(1)差押債権者(民執法87条1項1号)

差押えは競合しますので(同法47条等)、差押債権者は1人とは限りません。後行の差押えは、配当要求の終期(→ 17)までに行う必要があります。

(2)配当要求債権者(同法87条1項2号)

配当要求に関しては、次問を参照してください(→ 17)。

（3）最先差押登記前に登記された仮差押債権者（同法87条1項3号）

上記仮差押債権者は、配当をもらう権利はありますが、本案訴訟の勝訴判決等がなされるまで配当金は供託されます（同法91条1項2号）。仮差押債権者が配当金をもらうためには、本案訴訟で勝訴等する必要があります（同法92条1項）。

（4）最先差押登記前に登記された担保権者（同法87条1項4号）

抵当権者が典型例です。最先差押登記前に登記されていれば、2番抵当権以下の全ての抵当権者（担保権者）がこれに該当します。

3　配当等を受けるべき債権者（動産執行）

（1）差押債権者（民執法140条）

動産差押えは、債務者の占有を取り上げる効果がありますので、理屈的には差押えが競合せず、二重差押えは禁止されてます（同法125条1項）。この場合は事件が併合されることとなりますので、差押債権者は常に1人です。

（2）配当要求債権者（同法140条）

同一の差押えの場所に対し、二重執行を申し立てた債権者は、上記のとおり差押債権者にはなりませんが、後行申立てには、配当要求の効果が生じます（同法125条3項）。同様に、動産仮差押えとの二重執行の場合も、仮差押執行申立てには、配当要求の効力が生じます（同条4項）。

仮差押債権者が配当金をもらえる条件は、競売の場合と同様です（同法141条1項2号、142条1項）。

4　配当等を受けるべき債権者（債権等執行）

①差押債権者（民執法165条1号）

差押えは競合しますので（同号）、差押債権者は1人とは限りません。

後行の差押えは、配当要求の終期（→**17**）までに行う必要があります。

②配当要求債権者（同号）

③仮差押債権者（同号）

　配当要求の終期までに仮差押えの執行を行う必要があります。

　仮差押債権者が配当金をもらえる条件は、競売の場合と同様です（同法166条2項）。

5　弁済金交付手続

　差押債権者が1人だけの場合または複数存在していても、その請求債権額の総額が売却代金等より少ない場合、当該債権者等に売却代金等を全額弁済すればよいだけですので配当手続は行われず、差押債権者に弁済金が交付され、剰余（おつり）があれば債務者に交付されます（民執法84条2項、139条1項、166条2項）。これを弁済金交付手続といいます。

　なお、**債務者へ交付されるべき剰余金は、差押等することができます。**

6　配当表と配当順位

　配当を実施する場合、債権者間の優劣関係を勘案の上、どの債権者に幾ら配当金を交付するか決定する必要があります。この各債権者の配当順位と配当額等を定めた文書が配当表になります（民執法85条）。配当順位は、民法等の法律の定めるところによります。従って、私債権同士の場合、抵当権等の担保権者と一般債権者間では、優先弁済効を有する担保債権者が優先され配当順位が高くなります。担保権者間では、対抗要件具備の先後または民法等の規定（一般の先取特権の場合の民法335条等）により配当順位が決まります。一般債権者間では、債権者平等原則に従って債権額で按分となります。

　例えば、競売事件で売却代金等が1000万円だった場合の具体的な配当額は（執行費用は無視します）、次頁図1及び図2のとおりとなります。

　公債権（税金等）と私債権の場合、国税徴収法8条及び地方税法14条により、**一般債権と公債権では、公債権が常に優先します**（国税等優先の原則）。

　ただし、担保権と公債権の場合、担保権が抵当権である場合を例とすれば、**抵当権設定登記と税金等の法定納期の先後により優劣関係が決ま**

ります（国税徴収法16条、地方税法14条の10）。

　例えば、次の図２で国税500万円の滞納処分があり、その法定納期が１番抵当権より後、２番抵当権より前であれば、各債権者の配当額は、１番抵当権者800万円、国税200万円、２番抵当権者と一般債権者は０円となります（図３）。

図１　優先債権＞売却代金1000万円

債権者	配当を受けるべき資格	債権額 （百万）	配当額 （百万円）
１番抵当権	担保権者	800	800
２番抵当権	差押債権者	300	200
一般債権者	配当要求債権者	1500	0

図２　優先債権＜売却代金1000万円

債権者	配当を受けるべき資格	債権額 （百万）	配当額 （百万円）
１番抵当権	担保権者	800	800
２番抵当権	担保権者	100	100
一般債権者	差押債権者	1500	75
一般債権者	仮差押債権者	500	25

図３　図２で国税の差押えがある場合

債権者	配当を受けるべき資格	債権額 （百万）	配当額 （百万円）
１番抵当権	担保権者	800	800
国税差押え	公債権（国税）	500	200
２番抵当権	担保権者	100	0
一般債権者	差押債権者	1500	0
一般債権者	仮差押債権者	500	0

17 「配当要求」って何?

Q
①配当要求って何ですか?
②配当要求の終期って何ですか?

A
①差押えなくして、執行力のある債務名義(→ **12**)を持って
いる等、一定の資格を有する債権者(配当要求債権者)が、
執行手続に参加して配当等をもらう手続のことです。
②執行手続において、配当等が受けられるタイムリミットです。

1 配当要求

16 で説明したとおり、差押債権者等でなくとも、配当要求債権者は、次項で説明する配当要求の終期までに配当要求することにより、配当等をもらうことができます(民執法87条1項2号、140条、165条)。

強制競売の差押債権者の立場からすると、突然、配当を横取りされる感じですね。

2 配当要求の終期(配当加入遮断効の発生時)

後行の差押え、仮差押え及び配当要求を行っても、一定の時期を過ぎれば配当等をもらえません。この一定の時期を配当要求の終期といいます。競売では条文上、「配当要求の終期」と規定されてますが(民執法49条1項)、動産執行と債権執行では、配当加入遮断効が生じた時を便宜的に配当要求の終期といってます。

各執行手続における配当要求の終期は、次の表1記載のとおりです。

債権執行で細かく書いてますが実務上多いのは、①の執行供託(→ **18**)されたときです。

表1　各執行手続における配当要求の終期

執行手続	配当要求の終期（配当加入遮断効発生時）	条　文
競　売	裁判所書記官が定めた日（概ね差押登記の1～2ヶ月後）。公告される。ただし、この日から3ヶ月以内に売却許可決定がなされないと3ヶ月延長。以後同じ。	民執法49条1項、52条
動産執行	①売得金：執行官が交付を受けるまで ②現　金：差押えするまで ③手形等：執行官が支払を受けるまで	民執法140条
債権執行	①第三債務者が執行供託をした時 ②取立訴訟の訴状が第三債務者に送達された時 ③売却命令により執行官が売得金の交付を受けた時 ④動産引渡請求権の差押えの場合は執行官がその引渡を受けた時	民執法165条各号

3　配当要求することができる債権者（配当要求債権者）

　各執行手続における配当要求債権者は、次の表2記載のとおりです。

　これも細かく書いてますが実務上多いのは、競売①と債権執行①の**有名義債権者**と、競売②の**仮差押債権者**です。

表2　各執行手続における配当要求債権者

執行手続	配当要求債権者	条　文
競　売	①執行力のある債務名義の正本を有する債権者 ②差押登記後に登記された仮差押債権者 ③一般先取特権を有することを文書により証明した債権者	民執法51条1項
動産執行	権利を証する文書を提出した、 ①先取特権を有する債権者 ②質権を有する債権者	民執法133条
債権執行	①執行力のある債務名義の正本を有する債権者 ②先取特権を有することを文書により証明した債権者	民執法154条1項

18 「債権執行」の換価って どうやるの？

> **Q** 銀行預金を差し押さえました。次にどうすればよいですか？

> **A** 第三債務者（銀行）が執行供託したのであれば、執行裁判所
> が配当等するのでそれを待っていればよいです。

　執行供託されない場合、銀行に請求書を送って、差した金額を直接取立てします。

1　債権執行の大まかな流れ

　申立て後、債権差押命令が発令され、まず第三債務者に債権差押命令が送達されます。この送達により差押え（→）の効力が発生します（民執法145条5項）。差押えの効力発生後、債務者に差押命令が送達されると、差押えの手続は終了し、換価手続へと移行します。

　なお、債権差押命令申立てと併せて陳述催告（同法147条1項）の申立てがなされるのが通例です（最近の書式例は一体化してます）。

　陳述催告とは、第三債務者に対して、「被差押債権の有無、金額、支払意思等を差押債権者に陳述（回答）せよ」と求めるものです。債権差押命令の送達と併せて第三債務者に送付され、発令日から1〜2週間の間に差押債権者に陳述書（回答）が送付されてきます。この陳述書により、差押債権者は債権差押えが奏功したかどうか（差さったかダメか）把握することができます。

2　債権執行の換価手続

　不動産や動産は、執行機関が売って金に換えるという換価手続が想定できますが、債権の場合、「そもそも売れるの？」という問題もあり、

次の表記載のとおり差押債権者の直接取立てをメインとして、その他の換価手段をオプションとするというやや複雑な制度設計となっています。

競売や動産執行と違い、執行機関にお任せという訳にはいかず、**差押債権者が自ら動く必要があります**。

債権者の換価方法

換 価 方 法	条　文
取立て	民執法155条,157条
執行供託→配当等	民執法156条,166条
転付命令	民執法159条
譲渡命令・売却命令・管理命令・その他	民執法161条
供託命令	民執法161条の2

3　取立て

債権差押命令が債務者に送達されてから1週間（被差押債権が給与等債権の場合は4週間）が経過すると、差押債権者に取立権が発生し、第三債務者に対して、**「直接自己に支払え」と請求**することができます。当職は、請求書に債権差押命令と送達報告書のコピーを添えて請求しています。銀行預金の場合、銀行が定める書式によることや印鑑証明書等の書類を求められることもあります。

取立権の行使として、生命保険契約や投資信託（MMF）の解約も判例上認められてます（最判平成11年9月9日民集53巻7号1173頁、最判平成18年12月24日民集60巻10号3914頁）。なかなか強力な効力があります。

第三債務者が取立てに応じない場合、差押債権者は、第三債務者を被告とする取立訴訟を提起することもできますが（民執法157条1項）、もう一度裁判する費用と労力が必要です。

差押債権者が支払いを受けたとき、執行裁判所に取立届または取立完了届（継続的給付債権を差した場合に、取立てが全て終わった時）を提出します。

4　執行供託—配当等

　単発の差押えを受けた第三債務者には、2つの選択肢があります。1つは、何もせず差押債権者からの取立権行使を待つ方法、もう1つは、被差押債権を供託する方法です（民執法156条1項）。この場合の供託は、第三債務者の任意ですので**「権利供託」**と呼ばれます。

　差押えが競合した場合、すなわち、複数の差押え、仮差押え（仮差押えのみが重複した場合は「競合」とはなりません→**59**）または差押処分を食らって、その総額が被差押債権額を超えている場合（同条2項）、または供託命令が送達された場合（同条3項）、第三債務者は被差押債権を供託しなければなりません。この場合の供託は、第三債務者の義務ですので**「義務供託」**と呼ばれます。

　権利供託と義務供託をあわせたものは「執行供託」と呼ばれます。

　執行供託を行った場合、第三債務者は「事情届」という書面を執行裁判所に提出します。これにより執行裁判所は、供託されたことを認識し、配当等が実施されます（同法166条1項1号）。

　なお、一般的な債権差押命令申立て事件の事件番号は「(ル)」、担保権に基づく場合は「(ナ)」となりますが、配当等手続になると新たに事件番号が付き「(リ)」号事件となります。

5　転付命令

　端的にいえば、被差押債権による代物弁済です。

　差押債権者は、「券面額」で被差押債権を取得し、これにより債務者に対する債権（請求債権）は、弁済されたものとみなされます（民執法160条）。

　別途申立ての上、「転付命令」を得る必要がありますが（同法159条）、通常は債権差押命令の申立てとあわせて申立てされます。

　転付命令を得た差押債権者は、第三債務者から直接取立てを行うことで回収を図るのですが、その意味では、取立権行使の場合と差異はありません。違いが生じるのは、自己の債権になる点です。そのため、取立てにつき取立権行使より強い効力があること及び差押えの競合を防げる

ことにメリットがあります。

　デメリットとして、「券面額」で債務者に対する弁済の効果が発生してしまいますので、第三債務者のデフォルトリスクを差押債権者が被ることになります。第三債務者の支払能力に問題がない場合以外は、転付命令は申立てしないほうがよいでしょう。

　なお、設例では債権差押命令のみ申立てしたことが前提ですが、第三債務者が破綻懸念のない健全な銀行であれば、転付命令も併せて申立てし、転付命令を得た上で自己の債権として払戻しを受ける方法もあります。

6　譲渡命令・売却命令・管理命令等

　差押債権が条件・期限付きまたは反対給付が必要などの理由で、取立てが困難な場合のオプションで、別途申立てが必要です（民執法161条1項）。いずれも実例は少ないです。

　「券面額」でなく裁判所が決めた金額で転付命令と同種の効果を発生させるのが「譲渡命令」、執行官に差押債権を売却させ売得金を配当等する（同法166条1項2号）のが「売却命令」、管理人を選任し差押債権の管理（利息等を収得して配当等）を命じるのが「管理命令」です。

7　供託命令

　民訴法133条で新設された「秘匿決定」等に対応するオプションです。秘匿決定があると正規の債権者名等が債権差押命令に記載されず、第三債務者は債権者（取立権者）を把握できませんので、申立てにより、第三債務者に執行供託を義務づける命令です（民執法161条の2）。

19 「不動産明渡し」って どんな流れ?

Q 貸室明渡しの判決を取りました。不動産明渡しの強制執行をしたいのですが、大まかな流れを教えてください。

A アバウトな流れは次のとおりです。
申立て→明渡し催告→断行執行(本番)→目的外動産の処理

1　申立て

　不動産明渡執行の執行機関は執行官です(民執法168条)。ですので、裁判所ではなく、執行官室に執行の申立てを行うことになります。

　その後、担当執行官と打合せを行い(電話 or 面談)、執行実施日や必要な作業員の人数等を決めます。この時点で、次項で説明する「執行補助者(執行屋)」が決まっており、それを執行官室に伝えておけば、執行屋の方で執行官との打合せ等も済ませてもらえ、代理人としては執行現場に立ち会えばよいだけの状態になります。

2　執行補助者とは

　動産執行・明渡執行等の執行官が執行機関になる強制執行では現実的な物理力(解錠、立会人確保、占有者排除、荷物搬出作業等)が必要不可欠です。これら現場作業に必要な人員の手配等及び実際の作業を行い、執行官の手足となってこれを補助する者を**「執行補助者」**といい、俗に「執行屋」といわれてます。執行屋は、民事執行法等に規定のある職種ではなく、単なる民間業者です。ですので、執行予納金とは別に、執行屋に料金を支払う必要があります。作業内容、作業員の人数により増減がありますが、結構な金額になります。執行屋は法令上、必須の存在ではないですがナシだと執行官が嫌がります。

3　明渡し催告とは

　明渡執行の実施として、まず**明渡し催告**が行われるのが通例です。明渡し催告とは、「引渡し期限」（明渡し催告日の1ヶ月後）を定めた上で、債務者（被告）に対し、明渡しを催告することです（民執法168条の2）。

　具体的には、執行官が、債権者代理人、立会人（住居内に立ち入りする場合必要。同法7条）、解錠技術者、執行屋等を引き連れて現地を訪問し、物件内に立ち入って占有関係を認定の上、公示書等を物件内に貼付します。留守であっても鍵を開けて内部に入り、占有認定のための調査を行います。実務的には、断行執行の見積り（搬出物の量、作業人数、保管費用等）もこの時行ってます。

　明渡し催告がなされると、債務者は物件の占有を移転することを禁じられ（同条5項）、当事者恒定効（同条6項。→**21**）が働くことになります。

　明渡し催告により、債務者が任意に明渡しに応じることもままあります。そうでなくとも断行執行までの間に債務者が出ていってしまうことが多く、断行執行当日に揉めることは当職の経験上あまりありません（→**61**）。ただ、不要品等はそのまま残置していきますので、その場合は、断行執行（残置物等の搬出）が必要となります。

4　断行執行とは

　明渡し催告で催告した「引渡し期限」経過後も債務者が明渡しを行わない場合、いよいよ本番の執行を行うこととなります（民執法168条）。その日のことを「断行日」、その執行を「**断行執行**」といいます。

　ここで、「明渡し」とは、物件内から居住者等を立ち退かせ、物品を撤去・搬出し、「空（カラ）」の物件を債権者に引き渡すことをいいます。従って、断行執行とは、上記の状態を作出するため物理力を行使する作業となります。

　具体的には、債権者代理人、立会人、解錠技術者、執行屋と執行屋が手配した作業員（残置物の量に応じて、数人から十数人）で現地に赴き、物件内に立ち入って、債務者の占有の有無を調査・確認します。占有が認定できると、まず債務者と家族・従業員等の占有補助者を物件から退

去させます。抵抗が予想される場合は、執行官において事前に警察に援助を求め、帯同してもらうこともあります（同法6条1項）。

　債務者等の退去が終わり、あるいは既に退去していたときは、物件内の残置物の搬出作業を行います。要は引っ越し作業ですが、短時間で終わらせる必要があり、目録を作成しながらの作業ですので、相当数の作業員と慣れが必要です。

　搬出した残置物は、原則として保管の上で債務者に引き渡す必要があり（同法168条5項前段、6項）、債権者のほうで別途、倉庫等の保管場所を確保してそこに搬入することになります。債権者にアテがなければ執行屋が用意してくれます。残置物が少なく価値がほぼないような場合、その場で売却することもできます（同条5項後段、民執規154条の2第3項→**61**）。

　債務者の退去、残置物の搬出が終わると物件はカラになりますので、鍵の付け替えをして、新しい鍵を債権者に渡して断行執行完了となります。

　所要時間は、マンションの一室や普通の一軒家であれば、2～3時間から半日ほどです。

5　目的外動産の処理

　執行対象外の動産を「目的外動産」といいます。目的外動産は債務者等に引き渡す必要がありますが（民執法168条5項）、大きな家具等は引き取ってくれないこともあるので、対象物件に置きっぱなしの残置物になってしまいます。残置物については前項で説明したとおり、原則として債権者で保管することになります。保管してても引き取ってもらえないような場合は、執行官は目的外動産を売却することができます（同条5項、6項）。

　この売却は、原則的には動産執行（同法134条以下）の例によりますが（民執規154条の2第1項）、高価品がなく、相当期間内に引き渡すことができる見込みがない場合は、より簡易な方法で売却できます（同条第3項、4項）。

6 建物収去土地明渡執行

　ここまでは貸室（建物）明渡しを前提に説明してきました。単純な土地の明渡執行もほぼ同じように進みます。

　ただ、土地上に建物がある場合、判決（債務名義）主文は、「建物を収去し土地を明け渡せ」となり、その執行方法としては、土地の明渡執行に加えて、建物収去の執行をあわせて申立てして、一緒に執行を実施する必要があります。

　建物収去義務は、いわゆる代替的作為義務ですので、その執行は代替執行（民執法171条1項1号）によることになります。

　具体的には、まず裁判所に授権決定（**建物収去命令**）の申立てを行い、授権決定（主文例：債権者の申立てを受けた第三者は、（略）建物を債務者の費用で収去することができる。）を得た上で、執行官室に執行申立てをすることとなります。この場合、授権決定は確定している必要があります。

　建物収去執行は、債務者の費用で建物を取り壊す執行方法ですが、債務者が事前に取り壊し費用を支払うわけがなく、債権者の方で立替払いする必要があります。建物取り壊しですから相当高額になります。

　収去費用（作為実施費用）については、事前に代替執行費用支払の申立てを行い、費用支払決定（同条4項）を得るか、執行後であっても執行費用額確定処分（同法42条4項）を得ることにより（通説では、作為実施費用については執行費用になると解されています）、債務名義化することができます。この債務名義を使用して、別途金銭執行を申し立てることで回収可能性はありますが、事案的に債務者に資力がない場合が多いですので、現実的に回収することは難しいです。

強制執行と保全執行はどう違う?

Q 強制執行と保全執行って何が違うんですか?

A 強制執行(本執行)は、執行力ある債務名義によって実施される最終形態です。金銭執行であれば換価・配当(弁済)まで、明渡執行であれば断行執行(引渡し)まで手続が進みます。

　一方、保全執行とは、保全命令によって実施される暫定的処分です。狭義の保全では、後で本執行が実施されることが所与の前提であり、仮差押えであれば換価・配当(弁済)までは進まず、係争物仮処分であれば当事者恒定効(→**21**)までに留まります。

1　保全手続の構造

保全事件は、大きく3つの手続の複合体といえます。

　下記記載のとおり、「発令手続」、「担保手続」そして「保全執行手続」です。

保全手続の構造

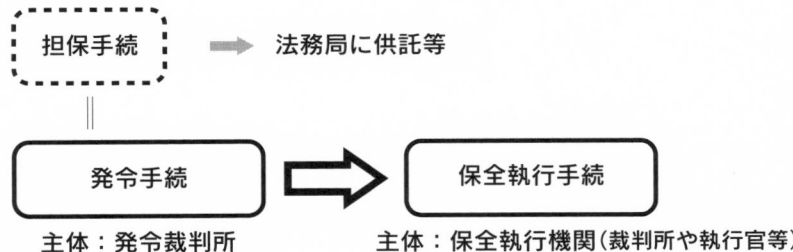

担保手続　➡　法務局に供託等

発令手続　➡　保全執行手続

主体:発令裁判所　　　主体:保全執行機関(裁判所や執行官等)

発令手続により発令された保全命令（例として不動産仮差押決定における主文「……を仮に差し押さえる。」）を実現する手続が**「保全執行」**になります。

民事保全に関する保全執行は、民保法43条以下の規定によりますが、ポイントは、①執行文が不要であること、②債務者への決定正本の送達が不要であること、③２週間以内に着手しなければいけないこと、この３点です（民保法43条各項）。

実務上重要なのは③の２週間の期間制限です。後でまた説明します。

2　保全執行の執行方法等

民事保全における各保全手続の保全執行方法と執行機関は、次の表のとおりです。

各保全手続の保全執行方法と執行機関

民事保全事件	対象	執行方法	執行機関
仮差押え	不動産	仮差押登記（＊）	裁判所（＊）
	債権等	第三債務者への決定送達	裁判所
	動産	執行官の占有	執行官
係争物仮処分	占有移転	執行官の占有、公示	執行官
	処分禁止	処分禁止仮処分登記	裁判所
仮地位仮処分	（様々）	様々。間接強制が多い	（様々）

（＊）強制管理の方法もあり、この場合の執行機関は管理人

3　保全執行の申立て

理屈的には、発令手続と保全執行手続は別ですので、保全命令（仮差押命令等）の申立てとは別に、保全執行の申立てが必要ということになります（民保法２条２項）。

もっとも、①不動産仮差押え、②債権仮差押え、③係争物仮処分の処分禁止仮処分は、発令裁判所＝保全執行機関です。当然に保全命令の申

立ての中に保全執行の申立てを含んでいると解され、別途、保全執行の申立てをする必要はありません。発令裁判所（東京地裁であれば民事9部）が自動的に保全執行（嘱託登記 or 第三債務者への決定送達）までやってくれます。

　一方、発令裁判所≠保全執行機関のタイプである、①動産仮差押え、②係争物仮処分の占有移転禁止仮処分は、保全命令が発令されているのかどうか執行官には分かりませんから、別途、保全執行の申立てを執行機関である執行官（室）に申立てする必要があります。

　この際、先ほど説明した**2週間の期間制限**（同法43条2項）に気をつける必要があります。すなわち、債権者が保全命令の送達を受けた日から2週間以内に保全執行に着手しないと、せっかく手に入れた保全命令が紙くずと化し、もう1回保全命令を取らなければいけなくなるという点です。

　そして、2週間の起算点につき、裁判例は保全執行の着手の時（執行機関が執行目的のため強制的行動を開始した時点）とされていますので、保全執行の申立て自体は、それより相当早い時期に申立てしておく必要があります。

4　不動産仮差押えの保全執行の内容と効果

　仮差押えの保全執行の効力は、本執行における「差押え」の効力（→**10**）とほぼ同様です。

　不動産仮差押えは、実務上ほとんどの事件で、裁判所書記官の登記嘱託による仮差押登記によって行われます（民保法47条1項、3項）。仮差押登記が経由されても差押えと同様に、債務者は当該物件を譲渡等することは可能で登記もできますが、仮差押え後に登記された所有権移転登記等は、執行手続では無効になりますので（**相対的無効**）、仮差押債権者が債務名義を取得して本執行を行う場合（**仮差押の本執行移行**といいます）、遅れる登記を全て無視しして手続を進めることができます。

5　動産仮差押えの保全執行の内容と効力

　動産仮差押えも、差押えと同様に執行官が対象動産を占有する方法で行われ（民保法49条）、これにより責任財産の保全が図れます。仮差押えの特例として、対象動産が生もの（マグロ等）等の場合、直ちに売却して、売得金を供託する方法がとられます。これを「緊急換価」といいます（同条3項）。

　動産仮差押後に別の債権者が本執行を行った場合、二重差押えにはなりませんが（民執法125条1項）、後行の本執行による差押えがされたものとみなし、仮差押えには配当要求の効力が生じることとなります（同条4項→ **17**）。

6　債権等仮差押えの保全執行の内容と効力

　債権等仮差押えも、差押えと同様に裁判所書記官が債権仮差押命令等を第三債務者等に送達することによって行われます（民保法50条1項、民執規150条の3）。

　債権仮差押命令に反して債権譲渡や弁済がなされても仮差押えの本執行移行がなされた場合、これらの処分は全て無効とされますので、債権譲渡されても引き続き債務者（被告）に対し本執行を掛ければよく、弁済した第三債務者は債権者に二重払いする必要があります。

　債権仮差押命令を受けた第三債務者は、差押えの場合と同様に権利供託可能ですし、差押えが競合した場合は義務供託する必要があります（民保法50条5項、民執法156条→ **18**）。

21 占有移転禁止仮処分をするのは何のため？

Q 係争物仮処分の占有移転禁止仮処分を打たないとどうなりますか？

A 当事者恒定効が効かないので、最悪の場合、せっかく取った判決（債務名義）で強制執行（明渡執行）ができず、訴訟が無駄に終わります。

1 当事者恒定効とは

　明渡訴訟とは、物件占有者の占有を排除して債権者（原告）の占有を取り戻すための訴訟です。従って、被告＝現実の占有者となります。賃料不払解除による明渡訴訟で、賃借人が占有を続けていれば、被告は賃借人（A）です。

　この賃借人（A）を被告として判決を取り、明渡執行したところ、全然関係ない第三者（B）がしれっと占有していたらどうなるでしょうか？

　確定判決の効力は、口頭弁論終結後の承継人に及びます（民訴法115条1項3号。執行力の拡張）。Bが口頭弁論終結後に占有を承継した者であれば、その事実を証明し、承継執行文の付与（民執法27条2項）を受けて執行可能です。しかし、口頭弁論終結以前に占有を開始していた場合、執行力の拡張はできず、「Aをどけろ」という債務名義でBをどかすことはできません。Bを被告としてまた明渡訴訟を行う必要があります。その訴訟中に占有者がBからCに移転していたら、今度はCを被告として訴訟しなくてはなりません。無間地獄に陥ります。

　この無間地獄を断ち切り、被告を上記のAに固める効力を**当事者恒定効**といいます。

　当事者恒定効とは、次頁の図のとおり、口頭弁論終結時を仮処分時（その執行時）に前倒しする効力と考えれば理解しやすいと思います。

当事者恒定効のイメージ

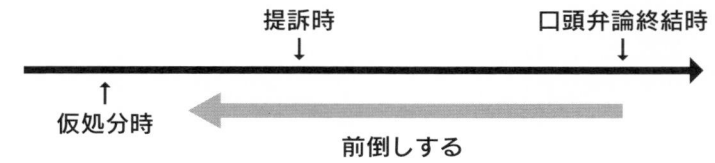

提訴時 → 口頭弁論終結時

↑
仮処分時 ← 前倒しする

2　占有移転禁止仮処分の効果

　占有移転禁止仮処分自体に占有移転を禁止する実体的効果（例えば違反時の罰則等）はありません。

　ただし、占有移転禁止仮処分の保全執行（→ **20**）を行っておけば、その後に占有が第三者に移転されたとしてもこれを無視して、あくまで仮処分債務者を被告として訴訟を継続することができます（最判昭和46年1月21日民集25巻1号25頁）。そして、判決が言い渡された場合、被告をAとする判決（債務名義）により、執行時の占有者がBであっても明渡執行することが可能です（民保法62条1項）。

　もう少し具体的に説明すると、明渡しの催告（→ **19**）を行ったところで、占有者がAからBに変わっていることが判明します。執行債権者は、債務名義にBを執行債務者とする承継執行文の付与を受ける必要があり、Bが仮処分後の占有承継者あるいは善意の占有取得者であることを立証する必要があります。ただ、悪意は推定されるので（同条2項）、実際には仮処分時の執行調書と明渡し催告時の執行調書を提出すればよいだけなので容易です。

　承継執行文の付与を受けることで、新たに訴訟をすることなく、執行債務者をBとして再度明渡執行を行うことが可能となります。この執行の明渡し催告において、Bの占有認定ができれば、<u>明渡し催告の効果としての当事者恒定効が働き</u>（民執法168条の2第5項→ **19**）、断行執行時の占有者が異なっていたとしても、原則として断行執行を継続することができます。

3 係争物仮処分としての処分禁止仮処分

　処分禁止仮処分も当事者恒定のための制度です。処分禁止仮処分には、登記等請求権の保全のため（民保法53条、54条）と建物収去土地明渡請求権の保全のため（同法55条）の2形態があります。

4 登記請求権保全のための処分禁止仮処分

　例えば、Aが登記記録上の所有者Bに対して、売買の履行を理由として、所有権移転登記請求訴訟を提起した場合、この訴訟で確定判決を得れば、原告AはBの協力なく、単独で所有権移転登記の申請が可能です（民執法177条、不登法63条1項）。

　ただし、登記申請書の登記義務者＝確定判決の被告Bと登記記録上の名義が一致しないと登記申請は却下されてしまいます（不登法25条7号）。例えば、訴訟中にBがCに当該物件の所有権移転登記を行った場合、登記申請書＝債務名義上の登記義務者Bと登記記録上の登記義務者Cが一致しませんので、登記申請は却下されます。今度はCを被告として訴訟する必要があり、無間地獄に陥ります。

　一方、Aが処分禁止仮処分を行い、処分禁止仮処分登記が経由されると、**以後の登記は仮処分債権者の被保全登記請求権に対抗できず、無視され、遅れる登記の抹消登記請求も可能です**（民保法58条1項・2項）。

　もう少し具体的に説明すると、後掲図は登記記録を模式的に示したものですが、Aの仮処分登記（2番）が入っても、BはCに対する所有権移転登記（3番）をすることができます。しかし、AがBに対する確定判決を得て、仮処分被保全権利の登記申請する場合（5番）、3番登記はAに対抗できませんので（登記実務上は同時申請で3番を抹消登記する）、債務名義と登記記録の登記義務者Bは一致し、登記申請は可能です。つまり、Aは仮処分を打っておけば、登記記録上の被告B名義がどれだけ変わろうとも、被告をBとして訴訟を継続すればよく、当事者恒定効が働くこととなります。

登記記録の模式図

甲区	1	R1.1　B所有権保存
	2	~~R5.5　処分禁止仮処分(A)~~
	3	~~R5.6　B→C　所有権移転~~
	4	R6.1　3番登記抹消(仮処分による失効)
	5	R6.1　B→A　所有権移転

＊取消線は、抹消事項を示す。

5　建物収去土地明渡請求権保全のための処分禁止仮処分

　土地明渡しに際し、建物収去義務を負うのは、建物所有により土地の占有を行い、建物取り壊し権能を有する建物所有者です。ですので、建物所有者＝所有権の登記名義人が建物収去土地明渡訴訟の被告となりますが、訴訟中に所有権移転登記がなされると、無間地獄に陥りかねないことは前述したとおりです。

　執行債権者(原告)が処分禁止仮処分を打ち、その登記が経由されると、以後、**建物につき譲渡(所有権移転登記)がなされても、執行債権者はこれを無視して本案訴訟の債務名義で強制執行可能**ですので(同法64条)、当初の建物所有権名義人を被告として訴訟を継続すればよく、当事者恒定効が働くこととなります。

　実際の執行では、仮処分登記後の譲受人(建物所有権名義人)に対し、承継執行文の付与を受けた上で、授権決定(建物収去命令)の申立て(→ **19**)を行うこととなります。

第 **2** 章

受任時の注意点・費用に関する質問

22 受任時に依頼者には何を説明すべき?

Q 保全事件を受任するにあたり、依頼者に絶対に説明しないといけないことは何ですか?

A 受任するということでは、次の3点かと思います。

①お金がかかること(担保として、比較的高額のお金をデポジットする必要があること、登記を入れる保全執行では、登録免許税が必要なこと)。

②暫定手続なので、狭義の保全では本案訴訟を提起し、最終的には強制執行する必要があること。

③本案訴訟で敗訴すると、担保が返還されないリスクが多少なりともあること。

---

1 お金がかかること

保全手続では原則的に**担保提供**が発令条件になりますから(→**7**)その金が必要です。そしてその金額ですが、詳しくは**34**で説明するとして、請求債権額あるいは対象目的物価額の10%〜30%程度は見ておく必要があるでしょう。

仮に、評価額1000万円の土地を仮差押えしようとすると、担保として200万円は見ておく必要があります。

また、登記を入れるタイプの保全執行(→**20**)の場合は**登録免許税**(登免税)も必要になります。これは請求債権額の0.4%ですので、仮に1000万円の請求ですと4万円になります。これは税金ですから返ってきません。

「結構お金がかかる」と事前に依頼者に言っておかないと、「聞いてないよ」とトラブルの元になります。

2 暫定手続であること

　仮地位仮処分はともかく、狭義の保全は、強制執行準備手続に過ぎませんから（→**1**）、依頼者のご希望（お金の回収や建物明渡し）に応えるためには、本案訴訟の提起が必須であること、相手方の任意履行や和解が成立しない場合は、判決後の強制執行が必須であること、当然それらにも費用（印紙代、郵券代、執行予納金に場合によっては登免税や執行屋料金等）がかかること、つまり、**「保全なんてほんの前座に過ぎず、発令されても道のりは長いし、さらに追加でお金もかかるよ」**ということを説明しておく必要があります。

3 担保が返還されないリスクがあること

　担保は、違法・不当保全によって相手方が受け得る損害賠償のためのものです。ですので、担保が戻ってくるのは（担保取消といいます。→**50**）、基本的には本案訴訟で勝訴するか相手方が同意してくれる場合です（民訴法79条1項及び2項、民保法4条2項）。

　従って、本案訴訟で敗訴すると理屈的には担保は戻ってこないこととなりますが、この場合でも、相手方に権利行使催告（損害賠償訴訟を提起せいとの催告）を行い、一定期間内に提訴がなければ、相手方が同意したものとみなして担保取消が認められます（民訴法79条3項、民保法4条2項）。

　現実問題として、「違法保全と相当因果関係のある損害が発生しているのか？」という問題がありますし、その立証も難しいです。相手方が損害賠償請求訴訟を提起することは極めてレアな事態であって、実際には99％担保は返ってきますが、理屈上、**本案敗訴の場合は、無返却**となるリスクがあることも説明しておく必要があります。

23 どのような内容で依頼を 受けるべき?

Q ①保全・本案訴訟・執行は別々に依頼を受けるべきですか、それともあわせて受けるべきですか?
②また、委任契約書を作るときの注意点を教えてください。

A ①依頼者が「別々で」と強く希望しない限りあわせて受けたほうがよいと思います。
②あわせて受任するという前提で、各手続毎の着手金額・報酬額を明示しておくこと、弁護士費用以外の手続費用の見通しを可能な限り明示しておくことです。

---

1 依頼をあわせて受けたほうがよい

　旧第二東京弁護士会報酬会規によれば、保全、本案訴訟、執行の各手続で着手金・報酬が定められてますし、それぞれ別個の手続ですから、手続の進行に応じて、別々に委任契約を締結していくという方法も当然アリです。

　以下は、当職の私見です。依頼内容が狭義の保全(仮差押及び係争物仮処分)に係わるものである場合、例えば建物明渡事件の場合、当職の感覚では、「本命は権利実現場面の明渡執行にあり、それを円滑に遂行するために係争物仮処分がある。あ、執行するには債務名義が要りますね。じゃあ裁判するか」という感じです。

　つまり、**保全・執行がメインで訴訟はおまけです。**

　そうすると、保全から執行で終わるまでの一連の事件を一括して受任する感覚になりますので、当然に手続全てをあわせて受任することになります。

　仮地位仮処分の場合、理屈的には強制執行が予定されておらず、かつ、事案によっては保全事件での和解成立もままありますので、保全事件は

保全事件で受けて、その後は成り行きに応じて本案訴訟なりの委任契約を締結するのでもよいかと思います。

　ただ、確実に本案的訴訟が予想される場合は（例：労働事件における賃金仮払仮処分→従業員地位確認＆賃金請求訴訟）、あわせて受けてもよいでしょう。

2　費用の見通しを明示する

依頼者とのトラブルとして多いのはお金の問題です。

　ですので、保全等の委任契約特有の問題ではないですが、金勘定をきっちりすることが重要です。

　それと、何を弁護士はやるのかという受任範囲ですね。

　前項で説明したとおり、全手続を一括して委任契約を締結する場合は、まず着手金額・報酬額をどう取り決めるかということが問題になります。一括でもらうのか段階毎にもらうのか。そのあたりは次問（→ 24）で説明するとして、その取り決め内容に応じて、各手続で依頼者は支払いの必要があるのかないのか、ある場合はそれぞれいくらになるのかを明示しておく必要があります。

　次に、22 で触れたとおり、保全・執行手続では、依頼者の想定以上に金がかかります。これを事前に説明しないで、手続毎に「担保200万円です」「あ、登免税いります」「訴訟の印紙代ください」「執行予納金80万円ですけど、やります？」等やっていたら依頼者が不信感を持つのはまず確実でしょう。

　弁護士費用以外の費用がいくらかかるのか予測が難しい面もありますが（特に執行屋が必要な場合のその料金）、若干の余裕を考えた上で、ざっくりでもよいですから金額を明示して（例：金100万円程度。但し詳細は別途見積による等）委任契約書に記載しておいたほうがよいかと思います。

 **24** 着手金と報酬の相場は
どれくらい？

Q 保全・執行事件の着手金と報酬の相場を教えてください。

A 正直言って、他の弁護士に聞いたことがないので相場感は分かりません。皆さん旧報酬会規どおり取っているのでしょうか？

当職は、原則として、本案訴訟の着手金・報酬のみで、保全・執行事件で別途料金は取らないようにしています。

---

1 旧報酬会規での基準

保全から執行まで同一弁護士が受任する場合、旧第二東京弁護士会報酬会規による標準額では次のとおりとなってました。

これに準じて取っている先生も多いのではないでしょうか？

なお、具体額は経済的利益を500万円として算出した税抜き金額です。

旧第二東京弁護士会報酬会規による標準額

手　続	着手金基準	着手金具体額	報酬基準	報酬具体額	小　計
保全	1/2X	170,000円	1/2X	170,000円	340,000円
本案訴訟	X	340,000円	2X	680,000円	1,020,000円
執行	1/3X	113,333円	1/2X	170,000円	283,333円
小計	11/6X	623,333円	3X	1,020,000円	1,643,333円

2　報酬についての当職の私見

　旧報酬会規どおりで算出すると、500万円の貸金請求で保全打って、執行により満額回収できた場合、弁護士費用総額は金164万円ほどになります。嬉しいですね。でも、弁護士取り分が33％程度もあり、実際にはこの他に執行費用等々がかかっていること（これも回収できればいいですが……）を考えると、ちょっと依頼者が気の毒のような気がします。

　当職の私見に過ぎませんが、**23**で開陳したとおり、当職的にはメインは保全・執行にあり、訴訟は通過点に過ぎないと考えています。そして、証拠関係がしっかりしている事案では、本案訴訟での労力は少なく（保全申立書、疎明資料を流用できます）、短期に終わることも多いです。

　ですので、狭義の保全事件で、上記のように本案訴訟での苦労が少ないと考えられる事案では、当職は保全・本案訴訟・執行を包括して受任し、料金は本案訴訟の料金のみ。保全・執行の料金は本案訴訟料金込みと考えて別途頂かない形でやっています。逆に、本案訴訟で相当頑張らなければいけない事案では、別途、保全・執行の料金を頂くか、本案訴訟の料金を増額する代わりに保全・執行の料金込みとする形で対応するようにしています。

　以上のように当職は原則として本案訴訟の料金しか頂かない形ですので、受任時に着手金全額を頂きます。そして、金銭の回収なり明渡しなり、目的が達成できた段階でその経済的利益に応じた報酬を頂く形にしています。

　仮地位仮処分に関しては、内容が非定型ですので様々なパターンが考えられますが、**23**で説明したとおり、本案的訴訟の提起が確実といえるパターンでは、狭義の保全と同様に対応しています。

　逆に、本案的訴訟をやらないような場合、具体的には、仮処分の審尋で和解成立の可能性が高く、かつ、この和解を落とし所と考えている場合は、保全事件だけ受任し、料金設定します。

25 地方の事件を受任する ときの注意点は?

Q 東京の弁護士です。地方での保全・執行事件を受任する際の
注意点を教えてください。

A 保全・執行に固有の注意点としては次の諸点かと思います。
①本案訴訟の管轄と執行事件の管轄は異なるのでよく確認す
る。

②狭義の保全に関して、裁判官面接が必要か事前に確認する。

③保全事件に関して、管外供託の許可を取って最寄りの法務局で
供託できるようにしておく。

④執行事件に関して、予納金等の額等が裁判所によって異なるの
で事前に確認しておく。

1 本案訴訟の管轄と執行事件の管轄(回答①)

債権者は東京、債務者の住所や物件所在地のみが地方の場合、本案訴
訟では、東京の裁判所を義務履行地管轄とすることができる場合があり
(民訴法3条の3)、この場合は、保全事件も本案の裁判所として東京で
管轄が取れます(民保法12条1項)。その勢いで執行も東京でやりたいで
すが、執行事件の管轄は、物件所在地か債務者住所地にしかありません
ので(民執法44条1項、144条1項等)、保全及び**本案訴訟の管轄と執行の
管轄が異なる**こととなります。

2 裁判官面接が必要か(回答②)

狭義の保全では無審尋で発令可能ですので(民保法3条、23条4項)、
債権者審尋(裁判官面接)も行われず書面審理のみで発令されることも
多いです。

ただし、債権者面接につき**全件面接主義**をとっている裁判所もあります。この場合、当該裁判所まで面接のため出張する必要が出てきますので（旅費と日当を依頼者に説明しておく必要があります）、事前に保全裁判所に確認しておくとよいです。

　当職が知る限り、全件面接を行う裁判所は、東京地裁、東京簡裁、大阪地裁、横浜地裁ですが、債権者代理人が遠方の場合、電話あるいはWeb会議の方法をとってくれるかもしれませんのであわせて確認してみるとよいです。

3　管外供託の許可（回答③）

　保全事件の担保を供託で行う場合、供託すべき法務局は、保全裁判所の管轄区域内の法務局になります（民保法4条1項）ので、例えば札幌地裁で保全申立てを行った場合、原則として札幌法務局に担保を供託する必要があります。供託は郵送でも可能ですが、その授受（申請と供託書正本の受領、供託書正本の保全裁判所への提出）に要する郵便日数等を考えると担保提供期間内（原則7日間）に全ての手続を完了できないおそれがあり、東京法務局で供託できれば時間の節約になります。そのため保全の申立てと同時に管轄区域外への供託許可申請を行い、その許可を取っておくとよいです（同法14条2項）。これを**「管外供託」**といいます。

4　予納金等の額（回答④）

　回答に記したとおり、裁判所によって大きく執行予納金額（主として競売事件）等が異なってくるので、事前に執行裁判所に確認しておくとよいです。

　確認方法としては、各裁判所のWebサイト、紙ベースの一覧表をFAXしてもらう、電話で口頭で聞き取るなどがあります。

26 保全・執行の費用って合計いくら?

Q ①1000万円の貸金請求事件を受任しました。債務者所有の自宅マンション（評価額：1000万円）があるので保全・執行を考えてますが、弁護士費用抜きでトータルいくらかかりますか？
②木造一軒家（床面積：70坪。評価額：土地建物各1000万円）の建物収去土地明渡事件を受任しました。保全・執行含めて、弁護士費用抜きでトータルいくらかかりますか？

A ①出捐額ベースで、294万4500円くらい。
②出捐額ベースで、720万9800円くらい。

---

1 回答①の費用の詳細

　東京地裁を念頭に、保全担保や執行予納金のように返金が期待できるもの、執行費用として回収可能性のあるものもありますが、純粋に出捐額として算定してみます（1000円未満のものは割愛）。

　i　保全事件（不動産仮差押え）

印　紙	2,000円
郵　券	約2,500円
登免税	40,000円（請求債権額1000万円の1000分の4）
担　保	約2,000,000円
小　計	約2,044,500円

　ii　本案訴訟

印　紙	50,000円
郵　券	6,000円
小　計	約56,000円

　iii　強制競売

印　紙	4,000円

登免税	40,000円	（請求債権額1000万円の1000分の4）
予納金	800,000円	
小　計	844,000円	

2　回答②の費用の詳細

　上記①同様に東京地裁、出捐額ベースで算定してみます。保全は、収去明渡権保全のための処分禁止仮処分のみと考えます。

　執行屋費用は、執行補助者、立会人、鍵屋の料金、作業員日当、残置物保管費用、解体費用、廃棄物処理費用等の総額ですが、具体的状況によりかなり幅があります（多目に見積もります）。

ⅰ　保全事件（処分禁止仮処分）

印　紙	2,000円	
郵　券	約2,500円	
登免税	40,000円	（建物評価額1000万円の1000分の4）
担　保	約2,000,000円	
小　計	約2,044,500円	

ⅱ　本案訴訟

印　紙	50,000円	（訴額土地評価額の1/2）
郵　券	6,000円	
小　計	約56,000円	

ⅲ　建物収去土地明渡執行

印　紙（収去命令）	2,000円	
郵　券（収去命令）	約2,300円	
予納金	105,000円	（収去明渡基本額65,000円＋1物件加算40,000円）
執行屋	約5,000,000円	（物件の構造、物件の前面道路の幅員、隣家との間隔、残置動産類の量、樹木・ブロック塀・物置等の有無、地下設備の有無等）
小　計	約5,109,300円	

 **27** 依頼者に費用のことを
どう説明する？

Q 依頼者には費用についてどう説明していますか？

A ①保全から執行まで予想される場合、前問（→ 26 ）のように トータルでかかる総費用を説明します。その上で弁護士費用について説明します。

②「保全担保」について聴かれたら、「相手方の損害を担保するためのものです。保全事件の事件処理に必須のものですが、一時的に供託（デポジット）するだけで、基本的に戻ってきます。いつかといえば、勝訴が確定したとき戻ってきます。ただし、敗訴した場合で、相手方が損害賠償請求をしてきたら全額返金されないこともあり得ます」と回答します。

③競売事件の「執行予納金」について聴かれたら、「競売手続で物件の調査・評価売却等をする執行官等の報酬になるものです。本来、債務者が負担すべきものですが事前に払うわけがないので債権者が立替払いします。物件が高く売れて剰余（おつり）があれば執行費用になるので返金されますが、そうでないと持ち出しになります。事件が終わって残金があれば返金されますが、足りない場合は追加を求められることもあります」と回答します。

---

1 トータルの費用（回答①）

依頼者には、受任時に、何にどれくらいの費用がかかり、トータルでかかる費用はどれくらいであるかを説明します。詳細な説明内容としては、 26 に記載した内容となります。

金額的に大きいのは、保全の保全担保、競売の予納金と明渡し系執行の執行屋費用（残置物搬出作業費用、保管費用、解体費用、廃棄費用等）です。

2 保全担保（回答②）

22 を参照してください。

3 執行予納金（回答③）

執行予納金について簡単に説明します。

執行申立ての際に、執行手続に必要な費用として執行裁判所（民執法3条）に納める金銭です（同法14条1項）。

主として、次の執行手続の際に必要となります。括弧内は、1件（1物件・1照会先）当たりの目安金額です。裁判所によって異なります（→ 25）。

- i 競 売 事 件　（40万円〜200万円）
- ii 動 産 執 行　（4万円〜7万円）
- iii 明 渡 し 系　（5万円〜10万円）
- iv 情報取得系　（5000円〜6000円）

予納金は、執行費用の見込額を先払い（預託）するものですので、事件終了時に残金があれば返金され、逆に手続中に足りなくなれば追加予納を求められます。

予納金の多くは、執行費用（同法42条1項）となりますので、債務者が負担することになります。金銭執行（上記iとii）では、執行費用のうちの手続費用（同法63条1項1号）は売却代金等から最優先で債権者に配当等されます。

その他の執行費用は書記官の確定処分を経ることにより、債務名義となりますが（同法22条4号の2）、回収可能性に乏しく、現実的には債権者の負担になると考えたほうがよいです。

28 保全・執行事件の スケジュール感は?

Q 保全から執行までの流れ・スケジュール感を教えてください。
また、フローチャートで何をやればよいかを教えてください。

A 典型的な事件について、ざっとまとめると解説のとおりです
ので参照してください。期間はおよその目安です。

1 金銭請求で対象物件が不動産の場合

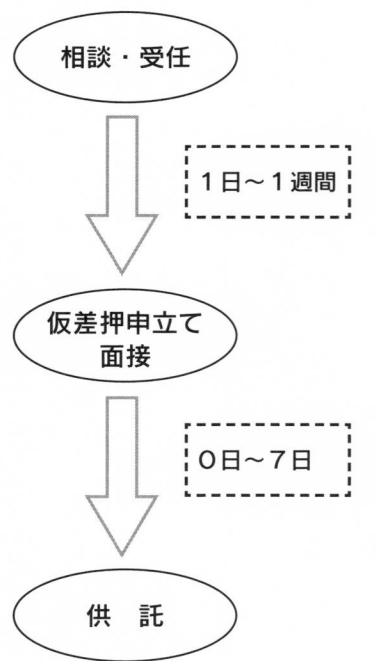

相談・受任

1日〜1週間

事件見通しの説明、疎明資料・必要書
類の収集、供託金(担保)の用意、申立
書起案。

仮差押申立て
面接

0日〜7日

全件面接主義を採用する裁判所の場
合、申立て翌日か翌々日に裁判官面
接。その場で担保決定。発令内示。担保
提供期間内に供託申請し、供託書正本
を受領する。

供　託

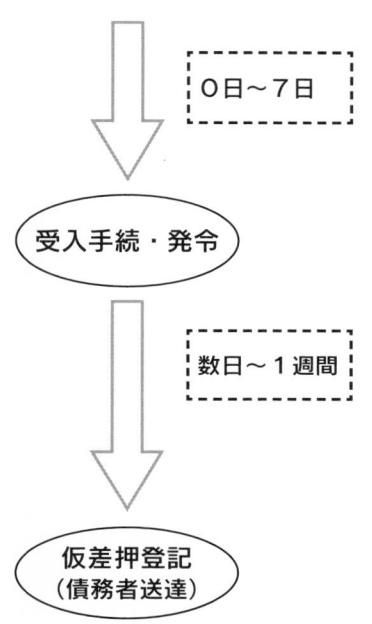

担保提供期間内に、供託書正本・目録類・郵券類・登録免許税を保全裁判所に提出する（受入手続）。
受入日の翌日 or 翌々日に正式発令（東京地裁）。

受入手続・発令

書記官が仮差押登記を嘱託登記するので、登記が完了したかをチェック。登記が完了したら本案訴訟を提起する。原則として登記完了後に決定正本が債務者に送達されるが、不送達の場合、別の送達手段を検討する（現地所在調査が必要になることもある）。

仮差押登記（債務者送達）

数日～1週間

0日～7日

本 案 訴 訟

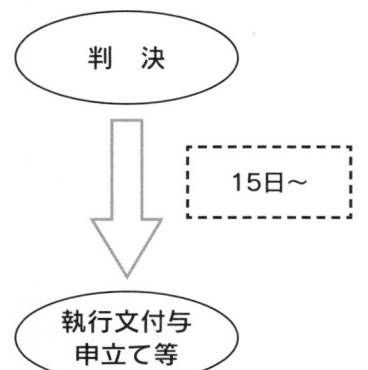

判 決

15日～

原則として判決確定を待って、執行文と送達証明書を取得する。
担保取消しの申立てを行い、保全担保を取り戻す。

執行文付与申立て等

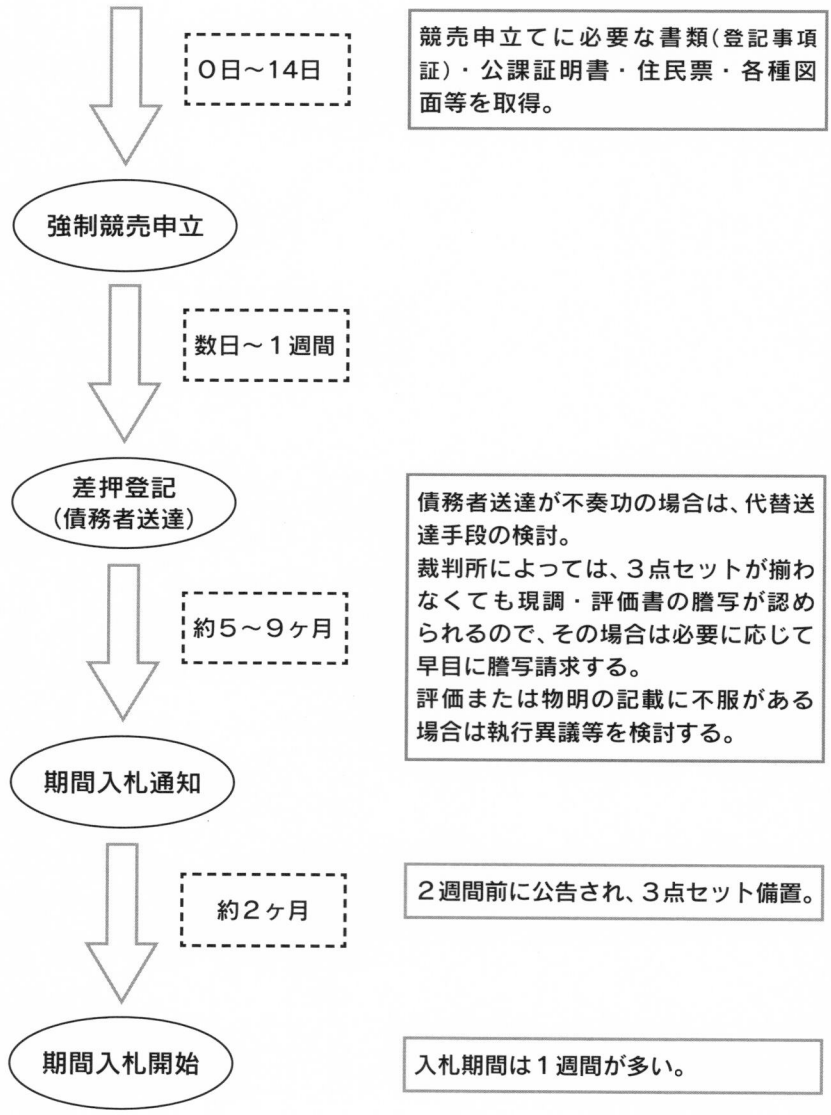

0日～14日
競売申立てに必要な書類（登記事項証）・公課証明書・住民票・各種図面等を取得。

強制競売申立

数日～1週間

差押登記
（債務者送達）

債務者送達が不奏功の場合は、代替送達手段の検討。
裁判所によっては、3点セットが揃わなくても現調・評価書の謄写が認められるので、その場合は必要に応じて早目に謄写請求する。
評価または物明の記載に不服がある場合は執行異議等を検討する。

約5～9ヶ月

期間入札通知

約2ヶ月
2週間前に公告され、3点セット備置。

期間入札開始
入札期間は1週間が多い。

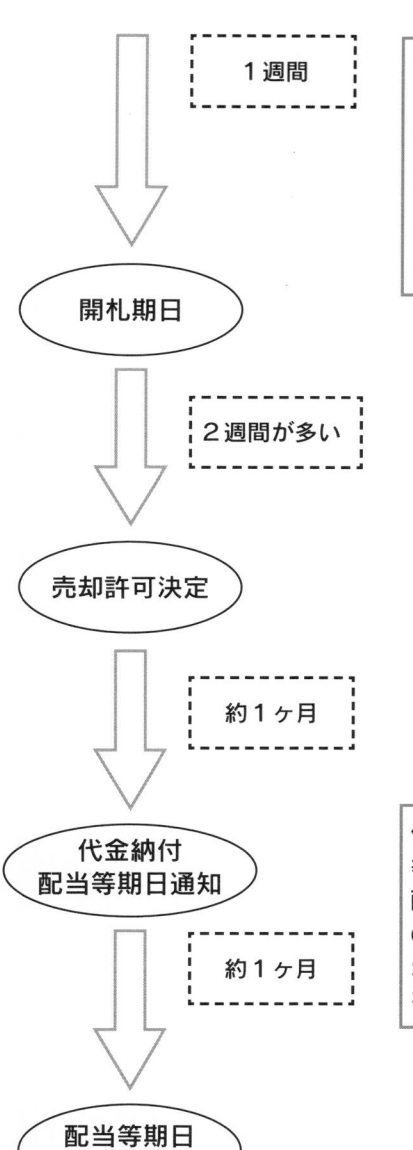

1週間

開札期日に落札の有無を確認する（BIT）。落札されなかった場合、特別売却を経て、それでも落札者がいない場合は、2回目の期間入札となり、3回目の期間入札・特別売却でも落札されない場合、競売事件は取消となる（民執法68条の3）。

開札期日

2週間が多い

売却許可決定

約1ヶ月

代金納付
配当等期日通知

債権計算書等の提出（1週間内）。配当等期日の数日前には配当表の原案 or 配当見込額の照会に応じてもらえるので確認する。異議がある場合は、配当異議を検討し、配当期日に配当異議を行う。

約1ヶ月

配当等期日
配当

2 金銭請求で対象物件が債権の場合(転付命令なし)

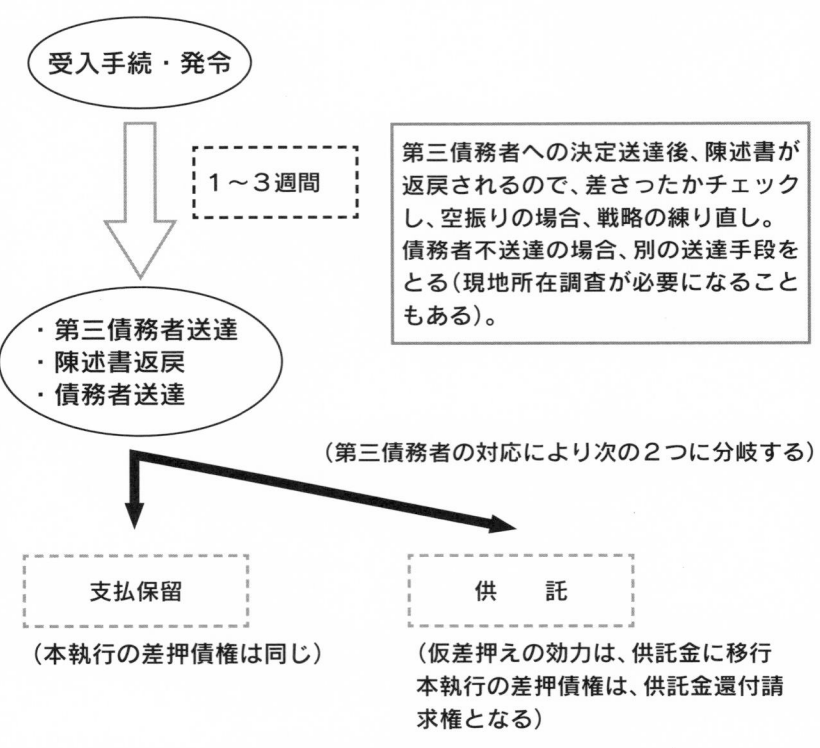

保全手続(債権仮差押命令申立て)
発令までは1とほぼ同じ。

受入手続・発令

1～3週間

・第三債務者送達
・陳述書返戻
・債務者送達

第三債務者への決定送達後、陳述書が返戻されるので、差さったかチェックし、空振りの場合、戦略の練り直し。債務者不送達の場合、別の送達手段をとる(現地所在調査が必要になることもある)。

(第三債務者の対応により次の2つに分岐する)

支払保留

(本執行の差押債権は同じ)

供　託

(仮差押えの効力は、供託金に移行
本執行の差押債権は、供託金還付請
求権となる)

本案訴訟
執行文付与申請等までは1と同じ。

執行文付与
申立て等

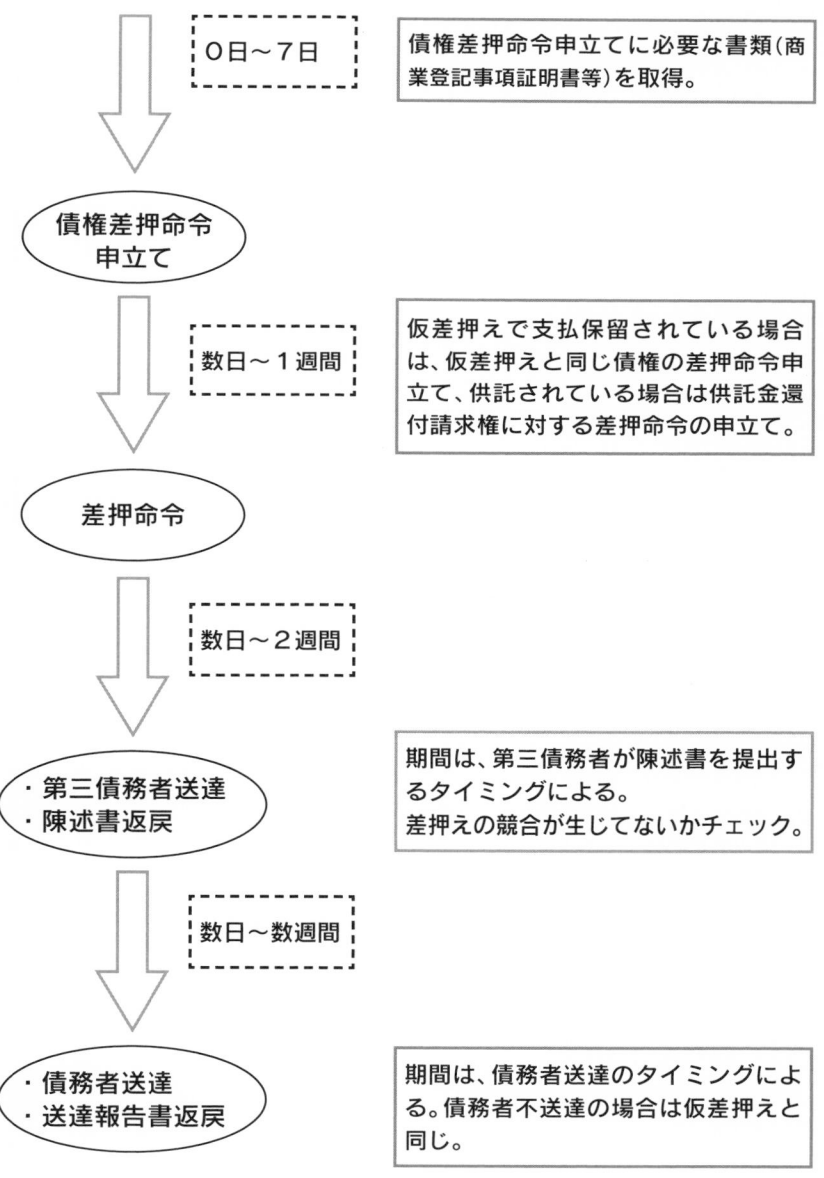

0日〜7日
債権差押命令申立てに必要な書類(商業登記事項証明書等)を取得。

債権差押命令
申立て

数日〜1週間
仮差押えで支払保留されている場合は、仮差押えと同じ債権の差押命令申立て、供託されている場合は供託金還付請求権に対する差押命令の申立て。

差押命令

数日〜2週間

・第三債務者送達
・陳述書返戻
期間は、第三債務者が陳述書を提出するタイミングによる。
差押えの競合が生じてないかチェック。

数日〜数週間

・債務者送達
・送達報告書返戻
期間は、債務者送達のタイミングによる。債務者不送達の場合は仮差押えと同じ。

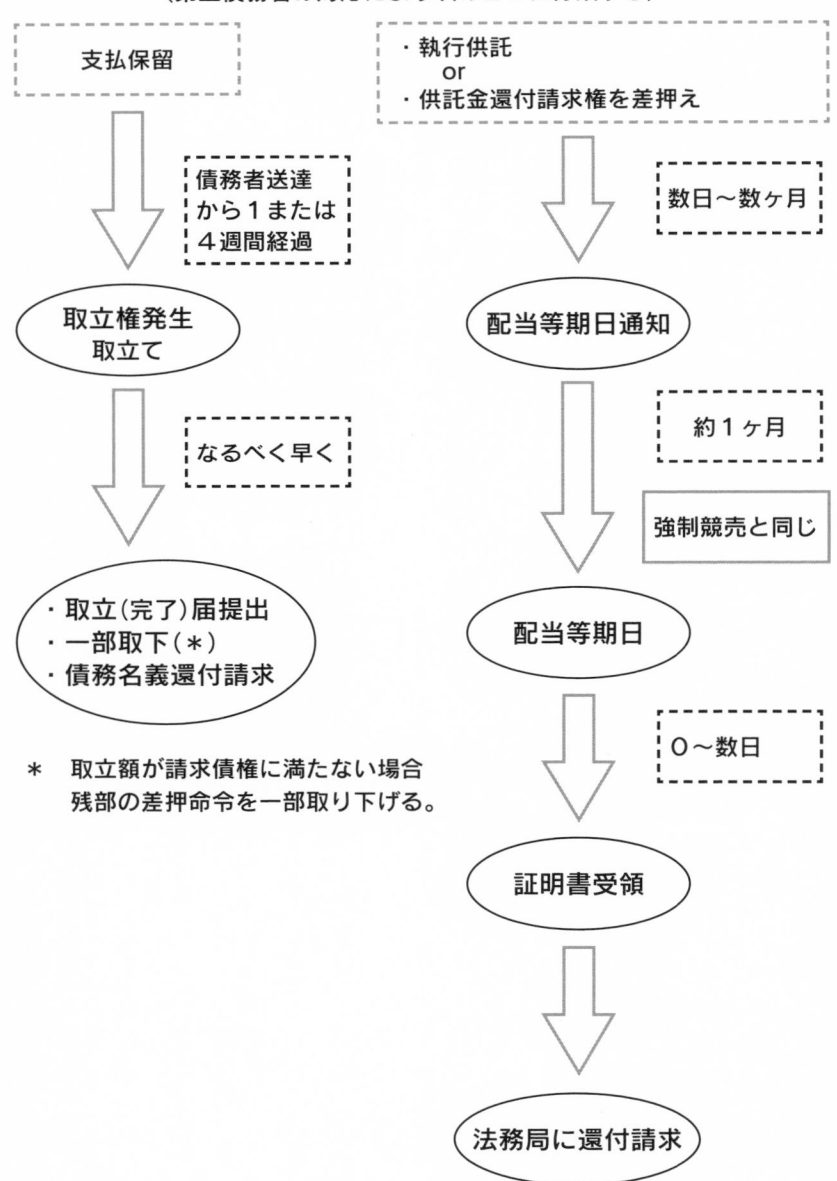

（第三債務者の対応により次の２つに分岐する）

支払保留

・執行供託
　or
・供託金還付請求権を差押え

債務者送達から１または４週間経過

数日～数ヶ月

取立権発生取立て

配当等期日通知

なるべく早く

約１ヶ月

強制競売と同じ

・取立（完了）届提出
・一部取下（＊）
・債務名義還付請求

配当等期日

０～数日

＊　取立額が請求債権に満たない場合残部の差押命令を一部取り下げる。

証明書受領

法務局に還付請求

3 貸室（建物）明渡請求の場合

保全手続（占有移転禁止仮処分命令申立て）
発令までは1とほぼ同じ。

＊　保全執行の申立て（執行官室申立て）が控えているので
その準備と執行屋の手配も行っておく。

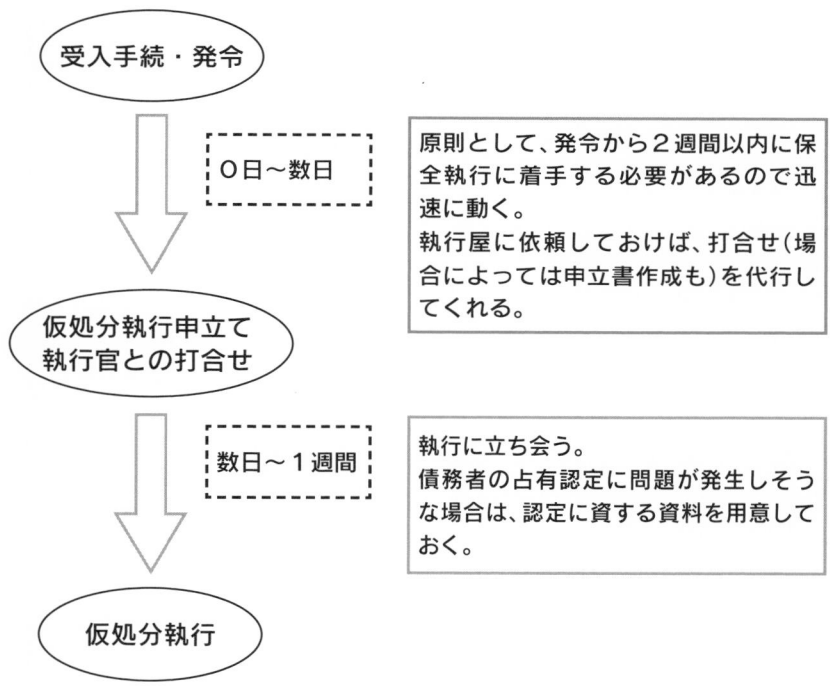

受入手続・発令

0日〜数日

原則として、発令から2週間以内に保全執行に着手する必要があるので迅速に動く。
執行屋に依頼しておけば、打合せ（場合によっては申立書作成も）を代行してくれる。

仮処分執行申立て
執行官との打合せ

数日〜1週間

執行に立ち会う。
債務者の占有認定に問題が発生しそうな場合は、認定に資する資料を用意しておく。

仮処分執行

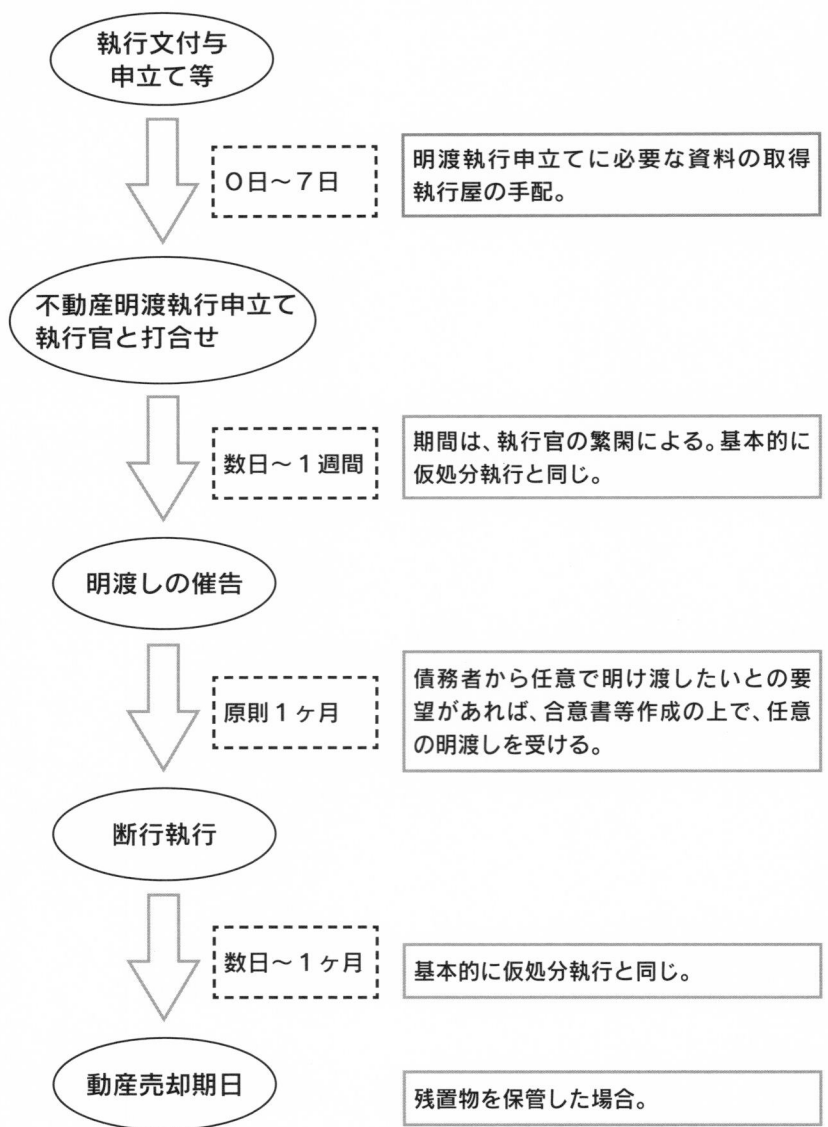

本案訴訟
執行文付与申請等までは1と同じ。

執行文付与
申立て等

0日～7日
明渡執行申立てに必要な資料の取得
執行屋の手配。

不動産明渡執行申立て
執行官と打合せ

数日～1週間
期間は、執行官の繁閑による。基本的に
仮処分執行と同じ。

明渡しの催告

原則1ヶ月
債務者から任意で明け渡したいとの要
望があれば、合意書等作成の上で、任意
の明渡しを受ける。

断行執行

数日～1ヶ月
基本的に仮処分執行と同じ。

動産売却期日
残置物を保管した場合。

4 所有権移転登記請求の場合

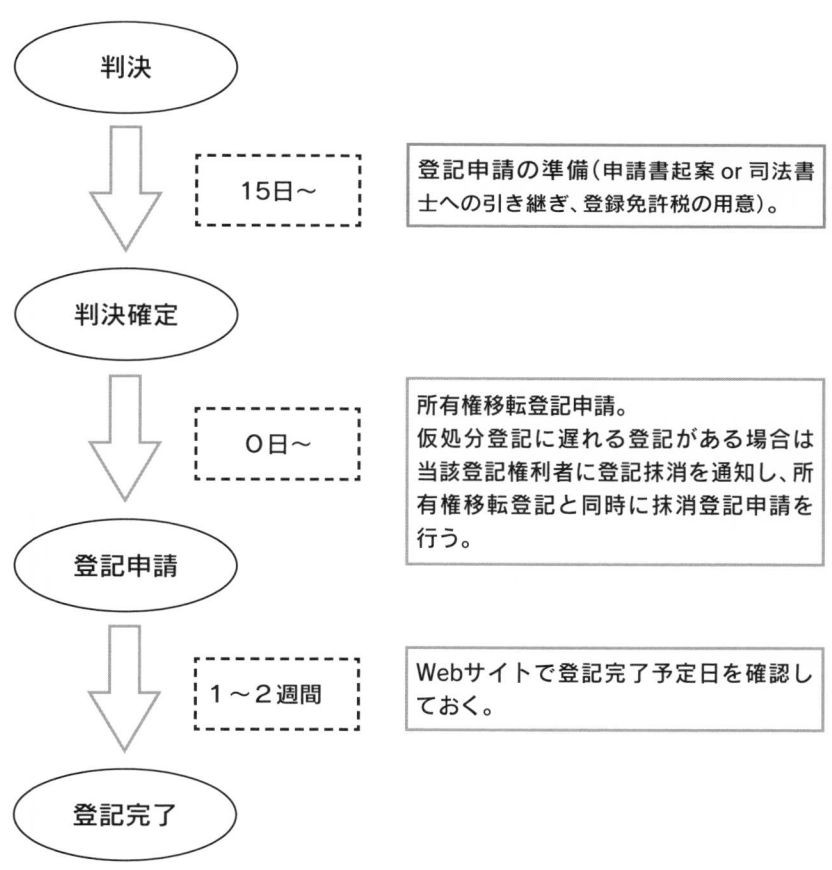

保全手続(処分禁止仮処分命令申立て)
発令・処分禁止の仮処分登記までは1とほぼ同じ。

本案訴訟
判決言渡し・保全担保取消しまでは1と同じ。

判決

15日〜

登記申請の準備(申請書起案 or 司法書士への引き継ぎ、登録免許税の用意)。

判決確定

0日〜

所有権移転登記申請。
仮処分登記に遅れる登記がある場合は当該登記権利者に登記抹消を通知し、所有権移転登記と同時に抹消登記申請を行う。

登記申請

1〜2週間

Webサイトで登記完了予定日を確認しておく。

登記完了

第 **3** 章

保全手続に
関する質問

29　民事保全ってどうやるの?

Q 民事保全のやり方を教えてください。

A アバウトな質問ですので、アバウトに回答すると次のとおりです。

保全命令の申立てをする→（裁判官面接）→供託する→受入手続きする→（必要に応じ）保全執行の申立てをする。

1　保全命令の申立て

まず、仮差押えか仮処分かの申立書を起案し、疎明資料と必要書類を添えて裁判所に申立てします。

宛先は、一般的には民事受付係でよいと思いますが（裁判所に要確認）、保全専門部がある場合は、当該専門部に申立てします。東京地裁では民事9部が保全専門部なので、原則的に東京地裁2階の民事9部受付係に申立てしますが、さらに細分化していて労働事件関係は労働専門部に（労働受付係）、法人代表者の職務執行停止仮処分等の商事関係事件（民事8部）や知財関係事件（民事29、40、46、47部）は、中目黒のビジネスコートの2階受付に申立てします。

ここで、管轄等の形式に不備がなければ受理され、全件面接主義を採用する裁判所では、裁判官面接の日が決まります。

その後、目録類の誤記等の形式的事項の補正（民保規6条、民訴規56条）がなされることもあります。

2　裁判官面接

全件面接主義を採用する東京地裁民事9部を例にすると、申立てした

時間に応じて、翌日か翌々日に裁判官面接を行います。

　決められた時間に民事9部に行って、受付票に事件番号と名前を記入して待合室で待っていれば、じきに呼ばれます。

　何も問題がなければ、この場で発令内示を受けて担保決定（担保提供の方法、担保額、提供期間の決定）がなされます。

3　供託

　担保決定で定められた方法（通常は供託ですのでそれを前提に話を進めます）、金額を提供期間内に保全裁判所を管轄する法務局に供託します。管外供託をする場合は（→25）、申立時に管外供託の許可申請も行い、許可をもらっておきます。

　供託が完了すると（お金を積むと）、供託書正本が交付されます。

4　受入手続

　供託書正本の交付を受けたら、必要な目録類、郵券、保全執行として登記が必要な場合は登録免許税（印紙等）を添えて民事9部の発令係に、担保提供期間内に提出します。

　これを一般的に「受入手続」といっています。

　受入手続をした時間に応じて、当日か翌日に正式に保全命令が発令されます。

5　保全執行の申立て

　発令裁判所＝保全執行裁判所の場合は（→20）、債権者として手続的には特にすることはありません。終わりです。

　別途、執行官室に保全執行の申立てが必要な場合（動産仮差押え、占有移転禁止仮処分等）は、発令から2週間以内に保全執行の着手ができるよう、迅速に当該申立てを行い、保全執行を行います。

 **弁護士は保全手続で
どのように動けばよい？**

Q ①事件を受任したらまずどう動いたらよいですか？
②受任から申立てまでのスケジュール感を教えてください。

A ①まず、必要書類・疎明資料の取得です。
②必要書類・疎明資料がいつ整うかによりますが、1日〜1週間でしょう。

1 必要書類の取得

　受任したという前提で、すなわち、発令要件等は全て問題なし（どのような疎明資料が必要か把握できている）という前提での解説です。

　まず申立書の起案なのですが、これはすぐにできます。書式例がたくさん出版されているのでそれを参考にされるも良し、東京地裁民事9部の下記Webサイトに掲載されている書式を参考にするも良しです。

https://www.courts.go.jp/tokyo/saiban/minzi_section09/index.html

　ですので、**時間を要するところから手を付けます**。必要書類の取得に一番時間がかかるかと思いますので、まずはその手配から進めます。

　ここで、必要書類とは、疎明資料以外で保全申立てに添付が求められている資料（民保規20条、23条等）をいいます。資格証明書、不動産登記事項証明書、固定資産評価証明書の類いです。

　窓口で取れる場合は即日できますのであまり問題になりませんが、遠隔地等で郵送によらざるを得ない場合、時間がかかり、申立て時期を左右するファクター（＊律速）になりますので、まずすぐに手配します。

　＊化学用語で、速さを律する（制御する）要因のことです。転じて、速さに関して、複数存在する要因のうちで、最も時間を要してボトルネックとなる要因を「律速となる」などといいます。

2 疎明資料の用意

受任するときに証拠（疎明資料）は目を通していると思いますので、依頼者にその原本を用意してもらいます。ただ、通常は、被保全権利に関する疎明資料しか用意されていないので、保全の必要性に関する疎明資料を取得する必要があるかと思います。

これに関して、最低限必要なのは、債権者（担当者）の報告書で、これは申立書を起案する際に、併せて下書きを作成し、依頼者に署名押印等をもらうようにします。その段取りを取っておきます。

保全の必要性に関する疎明資料として典型的なのは債権仮差押えにおける債務者住所地の不動産登記情報とブルーマップ等です（→ **32**）。前記1と同時に取得手配をします。

3 資金準備

保全担保の見込額、登録免許税が必要な事案であればその金額を計算し、依頼者にその資金の準備と、いつまでに用意できるかを確認します。これも律速になりえますので、スケジュールの算段をします。

4 受任〜申立てまでのスケジュール感

以上のとおり、律速によりますが、スムースにいけば翌日か翌々日には申立てできます。債務者が処分行為に及ぶ可能性の高さや対象資産の流動性の程度にもよりますが、リスクヘッジの観点からは、**遅くとも1週間以内には申立てしたいですね。**

ちなみに、超絶急ぎ案件で、当職は、受任の翌々日に申立てし、同日に供託・受入手続を済ませ、申立日に発令までこぎ着けたことがあります（武勇伝）。

 **保全手続はどんな場合に
やるべき?**

Q 保全手続をやるべきなのはどんな事件ですか?

A ①狭義の保全では、まず勝訴できて、保全の必要性があり、依頼者が保全保証金を準備できる事案に適応があるかと思います。

②仮地位仮処分では、勝訴の見通しがあり、かつ、状況が緊迫しており、すぐに手を打たなければ日に日に状況が悪化していく事案に適応があるかと思います。もちろん保全保証金を積めることも必要です。

③仮地位仮処分で、和解を狙う事案にも適応があるかと思います。

1　狭義の保全の場合

　狭義の保全では、保全の必要性がある限り（→ 36 、 37 ）、原則として「やるべし」です。

　ただし、密行性があり、債務者に一定のダメージを与える手続です。いかに債権者代理人といえども、債務者のダメージには一定の配慮をすべきだと考えます。また、保全を打った上で、本案事件で敗訴したり保全異議でひっくり返されると、当該保全手続は違法性を帯びる上、過失が推定されます（最判昭和43年12月24日民集22巻13号3428頁）。

　そうすると、漫然と保全を打ってしまうと、保全担保が全額返ってこないばかりか（→ 7 ）、代理人弁護士が懲戒請求されてしまうリスクもあります。

　ですので、**まず本案でほぼ確実に勝訴できる事案であること**、私見ですが9割以上の勝率を見ておくこと、その上で、調査したけれども、対象資産以外にめぼしい資産を発見できなかったというレベルの保全の必

要性を見ておいたほうが安全だと思います。

　そして、これが一番重要かもしれませんが、目的物の価額や賃料額如何によって、保全保証金は結構高額になります。依頼者が保全保証金（ボンドを含む。→35）を用意できるか、それだけの心意気があるかですね。

　上記の条件が整っているならばやるべきですし、意味もなくやらなくて資産が散逸したりすると懲戒ものかなと思います。

　個別の事案について保全を打つべきかどうかの判断は、結局のところ保全の必要性の大小によりますが、当職の考え方としては次のとおりです。

（1）仮差押え

①不動産

　不動産の仮差押えに関して、対象が自宅で家族の本拠であり、住宅ローンの抵当権が設定されている物件（当然、剰余価値があることが前提です）であれば、生活の本拠を放棄し、住宅ローンの期限の利益喪失の危険（一般的に抵当物件の処分は期限の利益喪失事由になります）を冒してまで不動産名義を変えることは少ないといえますので、保全の必要性は相対的に少ないといえます。

　法人所有の不動産で、本社・主要な事務所・主要な工場であって、抵当権が設定されている物件でも同様に考えられますが、既に抵当債務が期限の利益を喪失している場合や債務超過で資金繰りが相当に厳しくなっている場合、破れかぶれで物件処分等に及ぶ可能性が出てきますので保全の必要性が高まります。また、個人債務者や街金融と思われる債務者の抵当権や何らかの仮登記が設定されている場合も、まともな金融機関からの借入ができない信用不安状況下にあると考えられますので保全の必要性が高いです。

　抵当権等が設定されていない、**いわゆる裸の物件がある場合**、債権者からすれば回収可能性が高く、保全の必要性が肯定されるなら押さえておきたい物件です。

②債権

　主として対象となる債権としては、預貯金、売掛金、賃料債権、給料債権、生命保険解約返戻金、上場株式・公社債等になると思います。

原則的に、債務者ダメージの少ない不動産から差しますが、不動産が
ない、あるいは不動産だけでは保全不足が生じる場合に債権仮差押えを
検討することとなります（→ 36）。また、債権が複数ある場合は、債務
者のダメージが少ない、流動性の乏しい物から差していくようにします。
　ただ、これまでの説明とは矛盾しますが、不動産より債権のほうが、
債権でも流動性が高いもの（普通預金等）のほうが処分しやすく、保全
の必要性は高いともいえます。ですので、上記の目的物の選択順序を踏
まえた上で、めぼしい債権があれば仮差押えをすべきということになり
ます。
　しかし、特に普通預金、売掛金や給料債権となりますと、これを押さ
えると、債務者の事業や生活の破綻を招きかねませんので、確実に勝訴
でき、かつ、保全の必要性にも遺漏がない状況の場合に限定したほうが
無難だと考えます。

③動産

　動産仮差押えも、債権仮差押えと同様に、不動産がない、あるいは不
動産だけでは担保不足が生じる場合に検討することになります。
　換価価値が高い動産（貴金属、美術品、現金（個人にあっては66万円以
上の現金））が存在することが分かっている場合で、他にめぼしい資産（不
動産、債権）がない場合は保全の必要性が高いといえます。

（2）係争物仮処分

　不動産の明渡しを念頭に置きます。対象が債務者個人の自宅で家族の
本拠である場合、第三者に占有を移転するということはあまり考えられ
ないので、保全の必要性は小さいといえます。逆に、社宅として利用さ
れている場合、既に転貸がされている場合、債務者の属性が芳しくない
場合、債務者が多重債務に陥っている場合、第三者が頻繁に出入りして
いる場合、不法占有者の場合では、保全の必要性は高まりますので占有
移転禁止仮処分あるいは建物収去明渡権保全のための処分禁止仮処分
（→ 46）を打つべきといえます。
　登記請求権保全のための処分禁止仮処分も、対象となる不動産や債務
者の属性について上記のような事情があれば保全の必要性は高いといえ
ます。

2　仮地位仮処分の場合

　仮地位仮処分は、原則として要審尋事件で（→ **6**）、債務者に一定の手続保障がありますから、勝訴見込みに関しては、そこまで勝率が高くなくてもよいかと思いますが、問題は、保全の必要性です（→ **5**）。すなわち、客観的に見て、すぐやらないと取り返しがつかないという状況があるかどうかです。民事保全じゃないですが、発信者情報提供命令申立て（→ **47**）等です。日々名誉が毀損されていきます。

　このように勝訴見通しがあって、すぐやらないと取り返しがつかなくなる場合は、保証金は積めるという前提で、「やるべし」になります。

3　仮地位仮処分で、和解を狙う場合

　仮地位仮処分に関しては、発令を求めるのは当然ですが、**和解の可能性**がある場合、要審尋事件であることを利用？　して、審尋の場で和解による解決を狙う場合も「やるべし」といえるかもしれません。

　よくあるケースとしては、労働事件で不当解雇された場合に、労働者（債権者）が、賃金仮払い仮処分の申立てを行い、審尋の席で和解（解決金による任意退職）するような場合があります。保全事件には迅速性の原則がありますので、申立後1～2週間程度で審尋期日が入ります。その後も1週間程度の間隔で期日が入ることが多いので、労働審判より和解による解決が速いと思います。

　変わったところでは、街宣活動禁止仮処分で「街宣活動をしない」という内容の和解をしたこともあります。

32 保全で集めるべき証拠って何?

Q 保全ではスピード感が求められますが、実際に最低限何を証拠（必要書類）として集める必要がありますか?

A どの保全手続で何を対象にするのか、被保全権利は何かによって様々で回答が難しいですが、敢えて単純化して回答すれば次のとおりです。

①被保全権利の存在を疎明する資料（再抗弁事実等含む）

②債権者（担当者）報告書

③（法人の場合の）資格証明書

④（仮差押え、処分禁止仮処分）不動産登記事項証明書

⑤（仮差押え、処分禁止仮処分）固定資産評価証明書

⑥（債権仮差押え）債務者住所地（自然人の住民票住所 or 法人の本店所在地）の不動産登記事項証明書とブルーマップ

⑦（連帯保証人を仮差押債務者とする場合）主債務者住所地の不動産登記事項証明書とブルーマップ

⑧（占有移転禁止仮処分）物件の図面（公図、建物図面等）

⑨委任状

1 被保全権利の存在を疎明する資料（回答①）

通常の民事訴訟と同様に考えればよいだけです。金銭消費貸借契約書とか売買契約書とか賃貸借契約書とその解除通知のセットとかです。

気をつける点として、保全事件では、要審尋事件でない限り、債務者に反論の機会を与えることなく発令されます（→ 6）。ですので、**通常予想される抗弁に対して、その不存在事由や再抗弁事由をも債権者のほうで、いわば「せり上げて」主張・疎明する必要があります。**

例えば、貸金返還請求権を被保全権利とする仮差押事件で、一部弁済

がなされている場合、債権者に貸金の現在残高の疎明を求められるのが通例です（債権者が銀行等であれば、現在残高情報等をプリントアウトした書面で足ります）。一見して消滅時効が完成しているような場合は、時効の完成猶予事由を主張・疎明する必要があります。

2　債権者報告書（回答②）

　これは、必ず求められますね。過去に、客観的な疎明がバッチリなので実験的に当職が作成した報告書を出してみたことがあったのですが、ダメで、「債権者（担当者）の報告書にしてくれ」と裁判官に言われたことがあります。まあ、代理人が書いたのでは主張書面と変わりないですから当たり前ですね。

　ですので、内容的に簡単なものであれ、**報告書は必須**と考えてください。

　報告書に書く内容としては、人によって様々と思いますが、事案の流れ（申立書に書いていない細かい事情等）と、保全の必要性に関する主観的事情（債務者の言動等。→36）に関することです。

　債権者（担当者）に作成してもらうのが望ましいですが、「書いて」とお願いしても、素人ではなかなか難しいと思いますので、代理人のほうで下書きしてあげたほうがスムースです。

3　資格証明書（回答③）～固定資産評価証明書（回答⑤）

　いわゆる必要書類で、疎明資料のほかに発令上、必須のものです。

　このうち、③については、債権者及び第三債務者については代表者事項証明書で足りますが（民保規6条、民訴規15条）、債務者に関しては、会社の規模等も保全の必要性判断のために重要なので、これらが分かる登記事項証明書を必要とする裁判所が多いと思います。

　⑤については、担保額決定のために必要となります。なお、超過仮差押え（→36）になるかどうかの判断も原則的に固定資産評価証明書のいわゆる固定資産税評価額によって判断されることになります。

　これらの書類は取り寄せに時間を要する場合があるので、受任後すぐ

に手配したほうがよいです（→ 30 ）。

4 債務者住所地の不動産登記情報（回答⑥）

　債権仮差押えの場合、債務者住所地の不動産登記情報は必須の疎明資料と考えてよいかと思います。

　どういうことかといいますと、上記１で説明したとおり、保全事件には密行性があり、債務者の反論は聴きません。債務者からすれば、一方的に資産が凍結されてしまいダメージを受けることとなります。

　これが、例えば自宅不動産の仮差押えであれば、実際には仮差押登記が入るだけであり、販売を前提としているわけでもなく、直接的なダメーシはほぼないともいえます。

　しかし、債権の場合、決済用の普通預金、売掛金、給与債権（全部ではないですが）等の流動性が高いものがあります。これらの仮差押えを受けて凍結された場合（預金ロック等）、ダメージ甚大です。下手すれば会社は潰れ、個人なら生活できなくなります。

　そのため、極論してしまえば、**不動産等のダメージが比較的小さい資産が他に存在しないことが債権仮差押えの保全の必要性**として要求されています。

　とはいえ、ないことの証明（疎明）は、論理的にはできませんから、実務的には最低限、自宅あるいは本店所在地等の債務者住所地が債務者名義のものでなければよいと考え、その不動産登記情報を疎明資料として求めている運用になっています。

　言うまでもないですが、不動産が債務者名義であれば、抵当権等が設定され剰余価値が０円でない限り、それを仮差押えすべきで、債権仮差押えは原則としてできません。原則としてというのは、対象資産の性質によっては、債務者ダメージの大小が逆転する場合があるからです。例えば、販売用不動産と敷金が存在するような場合、敷金の仮差押えのほうが債務者ダメージが小さく、この場合は、不動産があっても敷金（債権）の仮差押えは可能と考えられます。

　なお、ブルーマップ等は、債務者住所地（住居表示）と地番の繋がりを疎明するために必要になります。繋がりがつけられれば法務局からの

聴き取り報告書でもよいです。

5 　主債務者住所地の不動産登記情報（回答⑦）

当職が勝手に「二段の保全不足」と呼んでいるものです。

連帯保証人を保全債務者とする仮差押えでも、主債務者住所地の不動産登記情報は必須の疎明資料と考えてよいかと思います。

理屈的には連帯保証人に対してであれば、いわゆる保証の補充性がないので、主債務者の資力に関係なく仮差押えできそうです。

しかし、やはりメイン弁済者は主債務者であり、そこからまず取るのが通例であること、債権者は二重取りはできないのですから、主債務者から取れるならまずそちらから取るべきこと等の理由により、実務上、**主債務者に資産が存在しないことが連帯保証人に対する仮差押えの保全の必要性**として要求されています。

連帯保証人固有の保全不足（必要性）に加えて、主債務者の保全不足を主張・疎明する必要があるので、勝手に「二段の保全不足」と当職は呼んでいるわけです。

とはいえ、ないことの証明（疎明）は、論理的にはできませんから、債権仮差押えの場合と同じく、運用上は、主債務者の住所地の不動産登記情報とブルーマップ等で疎明すればOKです。

6 　物件の図面（回答⑧）

占有移転禁止仮処分の場合、本案判決における明渡対象の範囲＝占有の移転を禁止する範囲を明確にする必要があります。登記事項証明書の記載で特定できる場合はそれでOKですが、現況が登記と大幅に異なっている場合や一筆の土地の一部を対象とする場合（駐車場等）、区分所有でない貸室の場合等は、図面で「別紙図面ア、イ、ウ、エ、アの各点を順次直線で結んだ線で囲まれた部分」などと物件目録を補足し、その範囲を特定する必要があるので、公図や建物図面が必要になります。

33　裁判官面接では何を聞かれる？

Q 裁判官面接では何を聞かれますか？　また、何を準備しておけばよいですか？

A 狭義の保全を念頭に置きます。理想型では、裁判官に尋ねられる内容は、「担保は○○円です」または「担保いくらにする？」のみです。

　注意点としては、余計なこと？　を聞かれないように、しっかりした書面と疎明資料を出すということと、担保額についてある程度のレンジと自己主張額についての理論武装をしておくことです。

　細かい話ですが、疎明資料の原本を持って行くことと、誤記等の修正に備えて職印を持参することも忘れずに。

1　裁判官面接の目的

　裁判官面接の目的としては、①疎明資料の原本確認、②担保決定、③申立書の主張及び疎明資料に対して釈明を求め、必要に応じて主張や疎明資料の追加を求める、があります。

　ですので、申立書と疎明資料がしっかりしていれば、③は必要ないですから、①の原本を見せて、②の担保決定して終わりということとなります。

　当職的には、「担保いくらにする？」だけで終わらせることに保全事件の一種の醍醐味を感じてます。やったー的な。

2　担保決定

　裁判官面接では担保決定をする必要があります。具体的には、①担保額を幾らにするか、②提供方法は供託か、ボンド（→ 35 ）か、③担保提

供期間はどれくらい必要か、です。

②については事前に供託かボンドか決めておけばよいだけです（現在の通例は供託）。

③については3～7日程度です。なお東京地裁の運用では最大7日間なので、7日と言っておけばよいです（間に合わない場合、同裁判所の運用では、1回に限り、最大7日間延長可能）。

問題は①の担保額ですが、大体の相場は決まっているので（→ **34**）、これをベースにして、ある程度のレンジを依頼者と相談の上で決めておきます。裁判官から金額を提示された場合、レンジに収まっていれば応諾してもよいですし、粘って後述の点をアピールして、減額交渉してもよいです。「いくらにする？」と聞かれた場合は、レンジ下限で回答して反応を見てみます。

高いなと感じた場合、担保額の算定方法について裁判官と齟齬がある場合がありますので確認します。具体的には、請求債権額が目的物の価額より大きいのに（請求債権額＞目的物価額）、請求債権を基に担保額を算定している場合（→ **34**）や建物のみの仮差押えで（民執法81条により法定地上権が成立するケース）、前提となる借地権割合が違っている場合等です（当該地域の路線価図による借地権割合は50％であるにもかかわらず70％で計算しているような場合。ただし、必ずしも間違っている訳でもないのでまずは確認に留める）。

上記のような齟齬はないけれども、もう少し減額交渉したい（値切りたい）という場合ですが、何の根拠もなく単純に値切ってもあまり効果はないです（「債権者としてはこれしか用意できません」という方法はあるかもしれませんが……）。値切りに当たっての、基本的な考え方は、保全担保の性質論です。保全担保とは、保全手続が違法であった場合に生じる債務者の損害を担保する意味合いのものですから、**損害発生の蓋然性やその額が少なければ担保もそれほど必要ない**という点です。この担保の性質に関する考え方からすれば、値切りのアピールポイントは3つあるかと思います。

まず1つ目は、被保全権利の存在が堅いという点です。例えば、金銭債権について債務者の債務承認書が存在する等です。この場合、本案で敗訴する可能性は低くなるので、損害発生の蓋然性も低下します。

2つ目は、被保全権利に関しては上記と重なる部分がありますが、疎明がしっかりしているという点です。例えば、保全の必要性に関して、他の資産は、デフォルト後に処分され、対象物件しか債務者の資産がなく、その資産についても売買交渉を行っているなどを疎明できている場合です。保全の必要性の確度が高ければ、保全異議で保全命令が覆される可能性は低くなるので、上記同様に損害発生の蓋然性も低下します。

　3つ目は、債務者の打撃が相対的に低いという点です。例えば、塩漬けされた遊休不動産の不動産仮差押えのような場合です。使用収益または処分予定がないのですから、仮に損害が発生したとしても、その額は相対的に低くなります。

3　疎明資料の追完・再面接

　上記のとおり担保額決定で終わりが理想ですが、主張内容や疎明資料に不備があり、裁判官面接時にその点を質されることもあります。

　不備の内容が軽微であれば、その場で口頭説明したり、職印で申立書を修正することで足りる場合もあります。

　疎明資料が不足しているような場合は、疎明資料の追完を求められます。追加する資料が少ない場合、「受入手続の時に追完資料を持ってきてもらえばよい」と言われることが多いです。原本であることに重要性がない疎明資料であれば、面接後、事務所に戻ったら即FAXすることもあります。

　不備が重大で申立書の大幅な修正が必要であったり、追完すべき疎明資料が多いような場合、別の日に再面接することになります。スピード命の保全手続で再面接は少々悲しいですね。可能な限り避けたいです。ですが、ワンチャンスあるということは、裁判官的には発令を前提に考えているわけですから、まだ救いがあります。

　発令見込みがない場合、（仮地位仮処分に多いですが）取下げを勧告されます。この場合でも要審尋事件で、かつ、和解相当と考えられる事案では、和解狙いで手続を続行してもらえることもあります。

4 スムースに裁判官面接を終わらせるために

要は、申立書と疎明資料の突っ込みどころをなくせばいいのですが、「その突っ込みどころを詳しく」というご質問になると思います。

ただ、それはもう多岐に亘り、江原健志・品川英基編著『民事保全の実務［第4版］上・下』（金融財政事情研究会、2021年）で研鑽してください（涙）、ということになりますが、大まかな視点だけでも説明しておきたいと思います。

（1）裁判官は債務者の反論ナシで判断しなければならない

一方当事者の言い分だけで判断するのは怖いですよね。ですので、被保全権利に関して、債権者側の主張に対して、通常ありうる債務者の反論を考えてみて、その**反論を潰す主張と疎明**をしておくとよいでしょう。再抗弁事実までいわば「せり上げる」（→ **32**）をより深化させる趣旨です。

同様に、**「自白」概念を入れる余地がないので、細かいところを詰める**。その疎明を怠らないことも必要です。契約書の債務者住所と当事者目録に記載した住所が異なっている場合は、その繋がりを疎明する住民票等を疎明資料として提出することなどです。

（2）保全の必要性をよく理解し疎明する

仮差押えや仮地位仮処分に顕著ですが、保全手続のキモは、保全の必要性と言っても過言ではないので、**対象物の類型毎に保全の必要性の判断ポイントを把握**して的確にそれを疎明する必要があります。

例えば、債権仮差押えにおける保全の必要性の類型的考え方等（→ **32**）を十分に把握しておき、それに必要な疎明資料を完備する等です。

34 保全担保の相場はどれくらい?

Q 保全担保の相場感をアバウトで良いので教えてください。

A かなりアバウトな相場感です。下記をベースに、解説で説明する修正要素を加味してください。

①不動産仮差押え・処分禁止仮処分　　目的物価額の20%

②債権仮差押え　　　　　　　　　　　対象資産額の30%

③占有移転禁止仮処分　　　　　　　　賃料1〜6ヶ月分

④仮地位仮処分　　　　　　類型に応じて（比較的高額）

詳しくは、司法研修所編『民事弁護教材改訂民事保全（補正版）』（日本弁護士連合会、28頁以降）を参照してください。

1 担保額基準の考え方

何度か説明してますが、保全手続はあくまで暫定的な処分に過ぎない反面、債務者が受けるダメージは大きいです。そのため、保全手続が後に本案訴訟で敗訴したり、保全異議で覆されたりして、結果的に違法であった場合に生じる債務者の損害を担保するためのものが保全担保です。

そうすると、保全担保の額は、**本案等での勝率（被保全権利の確度）と債務者が受けるダメージの大小に依拠**して定められることになります。これを修正要素として整理すると、次のとおりです。

修正要素1　被保全権利の内容

　　　　　　減額要素：堅い権利　＜　増額要素：不確かな権利

修正要素2　目的物の性質

　　　　　　減額要素：流動性小　＜　増額要素：流動性大

2　修正要素1（被保全権利の内容）

　前記回答は、貸金、売買代金、賃料あるいは賃貸借契約の終了等の**契約関係に基づく被保全権利**を念頭に置いています。

　一般論として、書証により立証容易な契約関係に基づく権利より、確度が落ちる権利（交通事故以外の不法行為に基づく損害賠償請求権等）に関しては、回答相場より5〜10％程度増額修正して、貸金等債権よりさらに確度が高い権利（疎明レベルが高い場合も含みます）であれば回答相場より5〜10％程度減額修正して考えます。

3　修正要素2（目的物の性質）

　回答①について、対象が不動産の場合、債務者が受けるダメージとしては転売利益を喪失することですので、目的物の価額（固定資産税評価額）を算定根拠とします。回答の相場は自己使用不動産を念頭に置いてますので、**販売用不動産であれば増額、遊休不動産であれば減額修正**して考えます。

　回答②について、債権に関しては、普通預金、給与、売掛金等、動産に関しては商品等を念頭に置いています。これらは、債務者のダメージが相対的に大きいため対象資産額を算定基礎に、その30％が相場になりますが、入居保証金、供託金や生命保険解約返戻金等、**流動性が低いものはダメージも少ないと考えられますので減額修正**します。

　回答③について、賃貸借契約終了による明渡請求を念頭に置いています。**3ヶ月を目処**にして、住居用であれば減額修正を、営業店舗であれば増額修正して考えます。

　回答④について、総じて満足的仮処分であり債務者ダメージが大きいので担保は高額となる傾向です。

　逆に賃金仮払い仮処分では、生活に窮すること（お金がないこと）が保全の必要性であることからして、担保を取ること（お金をとること）は背理ですから無担保が通例です。

35 「ボンド（支払保証委託契約）」とは?

Q 保全手続の立担保は、ボンド（支払保証委託契約）によることもできるとのことですが、メリット・デメリットを教えてください。

A 従来型（下記解説参照）のボンドの場合、現在の金利状況下ではメリットはないと思います。

　一方、新型（下記解説参照）のボンドの場合、まとまったお金がなくても狭義の保全が打てるというメリットがありますが、いくつかの条件と損失（保険料支払い）が避けられないというデメリットがあります。

1　ボンド（支払保証委託契約）とは

　立担保は、供託が原則ですが、裁判所の許可を得て、債権者と銀行等との間で担保決定がなされた金額を限度とする**支払保証委託契約を締結**することでも可能です（民保法4条1項、民保規2条）。

　「支払保証委託契約」とは、保全手続が違法であった場合に、債権者が債務者に負担する損害賠償債務を銀行等が保証することを債権者が銀行等にお願いする（委託する）契約です。

　つまり、万が一の場合、債務者は、保全担保の金額を限度としますが、銀行等から損害（債務名義等が必要ですが）の支払いを受けることができるということになります。

2　従来型ボンド

　上記回答だけ聞くと、銀行等には特にメリットがないように思えますが、そんな甘い話はなくて、銀行等は保証しますが、その保証の担保と

して、債権者が保全担保額と同額の定期預金をすることが条件となります。加えて、保証額に対し年利○％いう形で保証料の支払いも必要になります。

　まあ、**供託の代わりに定期預金を積んで、さらに保証料も払う**という制度ですが、バブル期の高金利時代は盛んに使われました。なぜなら、定期預金金利が保証料よりも高く、利ザヤが供託利息よりも高いためお得だったからです。また、銀行員が事務所に来て手続等してくれたので法務局へ行くより楽だったという側面もあります。

　しかし、低金利の時代、定期預金利息など雀の涙。逆ざやとなってしまい損失が膨らむだけですし、振込でも供託可能で法務局に行かなくても済ませられますから、現在は連結決算対象のグループ企業間のボンド程度でしか利用されていないのではないかと思います。

　これを従来型と勝手に呼んでおきます。

3　新型ボンド

　2019年7月から、損保ジャパンが新しいタイプのボンドの販売を始めました（詳しくはhttps://www.zenbenkyo.or.jp/service/bond.php）。

　これを勝手に新型ボンドといいます。

　新型ボンドの特色は、従来型で必要だった定期預金が不要となる点にあります。つまり、保全発令時にまとまった資金がなくても保全が打てるようになるので、これが最大のメリットとなります。

　ただし、保証料の支払いは必要です（金額に応じて5年分の利息6％〜2％を前払い。5年内に担保事由が止んでも返金なし）。その分は債権者の持ち出し（損失）となります。これがデメリットの1つです。

　また、次の条件（デメリット）があります。

・受任弁護士が、全国弁護士協同組合連合会（全弁協）の所属であること（まあ、これを機に加入しちゃえばよいですが）。

・対象事件が、狭義の保全と婚姻等に関する審判事件を本案とする仮差押えであること。

　法テラスは使えないが、まとまったお金を用意しがたく、でも保全は是非打ちたいという場合に検討してよいかと思います。

36

請求債権の10倍の
不動産を仮差押えできる？

Q 300万円の請求債権があります。債務者（個人）は、評価額3000万円程度のマンションを所有しており、その仮差押えをしたいのですが、認められるでしょうか？

A 債務者の負債状況やマンション処分に及ぶ具体的なおそれの程度にもよりますが、請求債権の10倍ですので、保全の必要性がないとして裁判官から取下の勧告を受ける可能性が高いと考えます。

1 仮差押えの保全の必要性の類型

本問の解説では、広く仮差押えの保全の必要性一般についても説明したいと思います。

仮差押えの保全の必要性について、あくまで当職の勝手な分類ですが、次のように整理して考えてます。

仮差押えの保全の必要性

広義の保全の必要性 ┌ 権利保護の必要性
　　　　　　　　　　└ 狭義の保全の必要性 ┌ 客観状況
　　　　　　　　　　　　　　　　　　　　└ 主観状況

2 権利保護の必要性

権利保護の必要性とは、そもそも保全を求める意味があるのかという問題です。端的にいえば、債務名義が既にある場合、直ちに強制執行すれば良いだけなので、執行の準備行為にすぎない狭義の保全を打つ意味

が全くありません。あるいは、既に仮差押えにより保全が取れている場合も原則的には重ねて仮差押えする意味がありません。これらの場合、権利保護の必要性がないといえます。

逆にいえば、債務名義はあるけど直ちに強制執行できない理由がある場合や先行仮差押えで保全不足が生じたような場合は、権利保護の必要性が認められます。前者は、承継執行文の付与が必要な場合が典型です（→ **41**）。後者は、預金仮差押えをしたが空振りだったような場合です。追加仮差押えの問題として扱われます（→ **40**）。

権利保護の必要性は、債務名義等がある場合に主として問題になりますので、本問では問題なく肯定されます。

3　狭義の保全の必要性

一般的に保全の必要性といわれているものが、ここでいう狭義の保全の必要性になります。

仮差押えは、判決取得までの間に、資産の移転や対象目的物の変動を禁止し、将来の強制執行ができなくなったり、著しい困難が生じることを防ぐためのものです（→ **2**。民保法20条1項）。

ですので、保全の必要性は、**債務者の財産変動によって将来の強制執行に支障が生じるおそれ**があることと整理できます。

以上は、もっぱら債権者サイドの視点ですが、保全手続には密行性があり、**債務者のダメージも考慮する必要**がありますので、**保全の必要性の有無の判断にあたっては、この両者の利益を総合的に勘案**して決することとなります。

4　狭義の保全の必要性―客観状況

（1）客観状況とは何か

客観状況と一括りしましたが、次のように、請求債権の保全状況（2）、超過仮差押えの禁止（3）、債務者の資力（4）と対象物件の性質（5）と考えてください。

(2)請求債権の保全状況

　まず請求債権を被保全債権とする抵当権が設定されているような場合、抵当権でフルカバーされていれば、担保不動産競売で全額回収できますから、保全の必要性はありません。担保があってもアンカバー部分がある場合、例えば、300万円の被担保債権に対して、抵当物件の価額が200万円しかない場合、100万円の部分について保全が不足してますので、その限りで保全の必要性が認められます。この場合の不動産担保評価は、原則的には固定資産税評価額によることになります。

　連帯保証人がいる場合、特に信用保証協会等の優良保証であれば、その限りで保全されているとも考えられますが、実務上、連帯保証で保全されているとは考えず、ノーカウントでよいです。

　本問で、請求債権が無担保債権であれば、300万円全額について保全の必要性があるとはいえます。

(3)超過仮差押えの禁止

　次に、**対象物が請求債権と釣り合いが取れているか**という問題があります。**超過仮差押えの禁止**と呼ばれる問題です。

　請求債権の保全のためには、これと同額の範囲で仮差押えを認めればよいわけで、これを超えて仮差押えを認める意味がありません。

　ですので、数量的に可分である債権差押えでは、請求債権＝仮差押債権という形で、両者は一致するのが通例です。

　仮に請求債権が500万円で、1000万円の預金が存在したとしても、仮差押えできるのは、請求債権額500万円の範囲となります。

　動産仮差押えであれば、個々の動産の価額が請求債権に満つるまでの範囲で仮差押えの効力が及ぶことになります。特定動産を対象とし、その動産の価額が請求債権額を超えるような場合は(金の延べ棒とか)、次の不動産の場合と同様に考えることができます。

　不動産の場合、最低単位（一筆の土地、一棟の建物）があり、最低単位でしか仮差押登記できませんので、物件価額が請求債権額を超えていても直ちに超過仮差押えとはなりません。ここで物件価額の評価は、上述の担保評価と同様に、原則的には固定資産税評価額によることになります。担保権が設定されている場合は、当然、その被担保債権額を控除し

た剰余価値で判断します。

　超過仮差押えになるかどうかの数値的目安ですが、これは、(4) や次項5で説明する諸事情との勘案で判断されますので、具体的な数字をあげるのは難しいですが、請求債権の数倍までであれば許容されるとされています。

　当職の経験ですが、他に債務者所有の資産が見当たらないような場合、2～3倍程度であれば発令されています。

　あまりにも物件価額が高額過ぎる場合、過大仮差押と呼ばれる問題ですが、この場合はそもそも保全の必要性が否定されることもあります。

　当職の経験では、様々な事情がありましたが、数値的に10倍のケースでは取下勧告されました。

　本問では、対象不動産はマンション（区分所有建物）で、これ以上細分化できません。担保権が設定されていない裸の物件と考えると、物件価額は請求債権の10倍になります。数字的には過大な仮差押えとなり、他に事情がなければ、取下勧告を受けそうです。

(4) 債務者の資力

　分かりやすく債務者の資力とまとめましたが、債務者の金銭面における客観的状況と考えてください。

　例えば、黒字経営が続き内部留保が凄いことになっている一部上場企業があったとします。「ここに1000万円の請求債権があったとして、本社ビル（所有不動産）に仮差押えが認められるか？」という問題です。

　仮に、判決取得までの間に本社ビルが売却されたとして、現金や預貯金やその他資産に対する強制執行で余裕で回収できそうですね。それに判決が確定すれば任意で弁済してくれるでしょう。

　将来の強制執行（債務の履行）に懸念なしと断言できるかもしれません。つまり保全の必要性は認められないということになります。

　逆に、上記の状況が認められる一方で、多額の負債があり債務超過状態であり、事業収益として来期以降大幅な落ち込みが予想され、収益からの弁済にも懸念があるような場合、判決を取るまでの間にスッカラカンになるおそれがあり得ますので、保全の必要性が認められる余地が出てきます。

抽象的には、判決取得時（強制執行時）に請求債権額以上の資産なり収益力があるかないかの問題で、その考慮要素＝保全の必要性を根拠づける疎明対象(疎明資料）としては、**負債の総額、資産の種類と数量、収益状況等**となります。

　本問に則していえば、債務者の負債は請求債権300万円だけか他にもあるのか、債務超過の状況にあるのか、資産としてマンション以外に不動産等より債務者ダメージが少ない資産はないのか、職業は何か、無職か高給取りか、等です。仮に、負債総額が1億円近くあり、資産としてマンション以外にない（発見できない）、無職で年金暮らし、という場合、これらを疎明できれば資産処分等におよぶおそれが推認できますので、保全の必要性が肯定される余地は高くなると思います。

（5）対象物件の性質

　債務者が仮差押えによって受けるダメージの大小の問題ですが、客観的には対象物件の性質で類型的に判断します。言うまでもありませんが、債務者ダメージが小さいほど保全の必要性が認められやすいことになります。

　掻い摘まんでいえば、**保全手続に順序があり**、流動性が低いもの（生活や事業に影響ないものから）から高いものの順で保全の必要性が認められることとなり、**その順で着手する**こととなります。

　債権仮差押えにおいて、不動産で保全が取れるならば債権仮差押えの保全の必要性が否定されるのが典型例です（→ 32 ）。動産仮差押えの場合も同様に解されています。

　この考え方から、対象資産が1つであっても、その性質（流動性の高低、生活等への影響度合い）も勘案して保全の必要性が判断されることとなります。

　例えば、販売用不動産（転売が前提）より流動性の低い（転売は前提でない）本社ビルや自宅等のほうが保全の必要性は認めやすいといえます。両方の不動産が存在し、各不動産1つで請求債権全額を保全できる場合、販売用不動産に対する仮差押えは、保全の必要性なしと判断されることになります。

　本問に則していえば、対象物件は自宅マンションであり、その仮差押

え（仮差押登記）により、債務者が直ちに大ダメージを受けるとはいえませんので、その限りで（他の資産、販売用不動産等と比較して）保全の必要性は肯定しやすいといえます。

---

5 狭義の保全の必要性—主観状況

主観状況とまとめましたが、客観状況の資力面と重なる部分もあり、債務者の具体的な言動一般と考えてください。要は、**資産処分、隠匿行為に及ぶ具体的な事情**があるかという問題です。

例えば、直近に資産を廉価売却や代物弁済していたり、親族名義に変わっていたり、闇の匂いがする債務者のために抵当権設定登記がされていたりと、詐害行為取消権の詐害行為（民法424条の2〜同条の4等）や、破産法の否認行為（破産法161条、162条等）を行っているなどが典型です。

あるいは、これらの行為を行うようなことや、闇の勢力の存在を匂わすような場合、他の債権者が債権回収行為に動いているような場合もテンプレの1つです。

返済意思がないこと自体は、保全の必要性を直接うかがわせるものではないですが、およそ理由にならない理由で返済を拒否したり、端的に「金がない」などと言っている場合は、資産隠匿工作等を行う蓋然性が疑われる事情となります。

これらの事情は、客観的には登記事項証明書等で、客観資料がない場合は、報告書（→ **32**）で疎明することとなります。

本問で、これら事情が認められるならば、保全の必要性が肯定されやすくなります。

37

係争物仮処分の必要性って?

Q 占有移転禁止仮処分の保全の必要性について何を書くべきか分かりません。教えてください。

A 原則型である占有移転禁止仮処分（債務者使用型）を念頭に置けば、「本案訴訟を提起する予定である（本案訴訟を提起した)」だけでも多分大丈夫です。

係争物に関する処分禁止仮処分も同様です。

1 係争物仮処分の保全の必要性

本問の解説では、広く係争物仮処分の保全の必要性一般についても説明したいと思います。

といっても仮差押えと違い（→ 36）、とってもシンプルです。係争物仮処分の目的は、被告を固めること（当事者恒定効。→ 21）ですが、**訴訟を提起する以上、当事者恒定の必要性は常にあります**。仮差押えの場合、対象資産の処分と強制執行の不能等の間に論理的必然性はありませんが（他に責任財産があるかもしれない）、係争物仮処分の場合、対象資産の処分とは訴訟の被告が変わることを意味し、必然的に権利実行不能等を意味します。

従って、極論すれば、訴訟提起予定（提起した）だけで保全の必要性を満たすことになります。当職は、これだけしか書かなかったこともありましたが、裁判官面接等でこの点を突っ込まれたことはありません。

理屈的には、債務者による現状変更のおそれは指摘すべきでしょうが、調査会社でもない債権者に厳密な事情を求めるのは酷ですから、ごく簡単な事情でよいので、申立書に記載しておいたほうが無難といえます。疎明としては、その事情を報告書に書いておきます。

保全の必要性に関するテンプレを貼ると次のとおりです。

「債権者は債務者に対し、賃貸借契約の終了に基づく目的物返還請求権に基づく建物明渡請求訴訟を近々に提起するべく準備中であるが、債務者は、賃料を〇ヶ月延滞し、債権者からの明渡し催告にも一切応答しない。斯かる状況に鑑みれば、債務者が本件物件の占有を第三者に移転する蓋然性があり、その場合、債権者が勝訴判決を得てもその執行が不能又は著しく困難になる。」

2　執行官保管型占有移転禁止仮処分の場合

　ごく普通の占有移転禁止仮処分（債務者使用型）であれば、保全執行としては公示書を貼る程度で、債務者ダメージが小さいので上記の説明が当てはまります。

　ただ、占有移転禁止仮処分には３つの類型があり、債務者使用型以外では、別途、保全の必要性を検討する必要があります。

　占有移転禁止の保全執行は、理屈的には執行官が占有を取り上げ保管することにありますが、その後、対象物件の使用を誰にさせるかによって、そのまま債務者の使用を許す**債務者使用型（原則型）、執行官保管型、債権者保管**の３つの類型があります。

　債権者使用型は満足的仮処分ですし、執行官保管型も事実上の満足的仮処分であって、仮地位仮処分（民保法23条２項）に類似します。

　従って、実務上、要審尋事件として運用されており、債務者審尋を行うことが原則です。債務者ダメージも極めて大きいです。特に居宅・事務所使用の建物を対象とする場合、要は明渡断行執行（→**19**）になりますから、債務者を追い出すことになります。ですので保全担保の金額も相当高額になります（居住用建物であれば、最低でも家賃１年分以上になるかと思います）。

　また、保全の必要性も仮地位仮処分に準じて相当高度なものが求められます。対象が動産であれば、占有が移転される具体的なおそれがあること、不動産（建物）であれば、債務者に使用継続を認めることにより具体的な危険が発生し続けること（組事務所として使用されている）等を主張・疎明する必要があります。

38 土地・建物の差押えの注意点は?

Q 2000万円の請求債権があります。債務者は、東京23区内（借地権割合60%）に評価額5000万円程度の土地とその上に評価額1000万円の建物を所有しています。評価額は固定資産税評価額です。

どう差せばよいでしょうか?

A 前提として、保全の必要性そのものは肯定されるものとします。

①もし、何らかの減価要因（例えば建物老朽化による解体の必要性とその金額）があれば、それを疎明して土地と建物を一括して申立てしてみます。

②特に減価要因がない場合は、とりあえず土地と建物を一括して申立てして、選択が許されそうであれば、どちらかの物件を残して、他方を一部取下げします。

③②で選択が許されない場合、土地のみを押さえて、建物は一部取下することになります。

---

1 回答①について

請求債権2000万円に対して、土地・建物総額は単純計算で6000万円ですから、両物件を対象とする仮差押えは超過仮差押えになり（→ 36）、認められません。どちらかの物件を落として（一部取下げして）、発令となるのが一般論です。

ただ、物件価格は、固定資産税評価額（以下「評価額」とします）をベースに算定してます。これが原則的方法ですが、実勢価格を疎明できれば、「超過」になるかどうかの判断もその実勢価格によって判断することになります。実勢価格の疎明は、鑑定書等で行いますが、実勢価格が評価

額より低いという場合、何らかの減価要因があるのが通例なのでその減価要因の存在と金額を疎明するという方法もあります。

　例えば、建物老朽化で解体が必須でありその費用として2000万円が必要であることが疎明できているとして、土地建物一体で考えれば、建物価格は０円、土地についても－2000万円で実質3000万であり、計算上「超過」にはならないとも考えられます。

2　回答②③について

　減価要因がなければ、超過仮差押えになりますから、土地か建物どちらかのみ差すのが本則です。

　この場合の評価の仕方ですが、設問では土地・建物所有者が同一であり、法定地上権が成立します（民執法81条）。また、**建物に対する仮差押えの効力は、敷地利用権（法定地上権含む）にも及びます**（民法87条２項）。従って、土地については法定地上権割合を控除し、控除した分を建物価格に加えて算定します。法定地上権割合は、一般的には、当該地域の借地権割合（路線価図の借地権割合）を目安に算定します。設例の借地権割合は60％とのことですから、各価格は次図のとおりとなります。

法定地上権が成立する場合の算定方法

	評価額（グロス）	法定地上権額（60％）	算定額（ネット）
土地	5000万円	－3000万円	2000万円
建物	1000万円	＋3000万円	4000万円

　土地のネット額2000万円で請求債権の保全ができますので、超過仮差押え禁止により、土地のみとするのが本則ですが、建物ネット額も２倍程度の超過に過ぎないので、裁判官によっては債権者の選択を認めてくれる場合があります。

39 債権仮差押えの注意点は?

Q ①ダメ元でメガバンク3行の預金仮差押えを検討しています。注意すべき点を教えてください。

②賃料の仮差押えを検討しています。注意点を教えてください。

A 債権仮差押えの一般的注意点（→ 32 、 34 ）を踏まえた上で、個別的な注意点を挙げれば次のとおりです。

なお、本問は本執行としての債権差押えと共通するところがありますので、その場合（仮）差押え等と表記します。

①について、（仮）差押債権（預金）について、支店名までの特定が必要です。

また、複数口の債権（預金）を（仮）差押えするため、請求債権の割り付けが必要です。

②について、サブリース等ではないか確認することです。

また、継続的給付債権ですので、期間を区切ることです。

---

1 支店名の特定と割り付け

（1）支店の特定

ダメ元で預金を仮差押えする。一昔前の探索的差押えとかいわれているものですね。緊急性がある事案なのかもしれませんが、現在では債務名義があれば第三者からの情報取得手続（→ 66 ）によってある程度預金の探索が可能ですから、待てるのであれば、債務名義を取ってからこの手続を取ってもよいかと思います。

本題に入ります。預金（仮）差押えする場合、メガバンクのような大規模銀行にあっては、**支店の特定が不可欠**です。本問では、探索的仮押えのようなので、支店の特定ができているかが最大の問題です。

仮に、ある程度支店の目星が付いているなら、当該支店を仮差押債権

目録に記載すればよいです。

アテがないという場合は、何らかの形で支店を特定する必要があります。1つの考え方として債務者自宅や勤務地の近辺の支店を記載してみるという方法があります。あるいは、郵券代がかかるので費用対効果を考える必要がありますが、考え得る支店を全てピックアップするという方法もあります。

なお、「全店一括順位付け方式」といって、個別の支店を特定せず、「支店番号の若い順」と順位付けして差す方式、あるいは「預金額最大店舗指定方式」といって、同様に支店を特定せずに預金額が最大の店舗を(仮)差押債権として差す方式も考案されました。しかし、最高裁決定（最決平成23年9月20日民集65巻6号2710頁、最決平成25年1月17日判タ1386号182頁）でいずれもダメ出しされてます。その理由は、平たくいえば「大規模銀行等だと名寄せが大変なので特定性に欠く」というものです。少なくとも大規模銀行に対しては、ダメ出しされてますので使えませんが、小規模銀行等にまで射程が及ぶか微妙です。下級審裁判例では認めたケースもあるようなので、この場合トライしてみる価値はありそうです。

(2) 割り付け

次に、(仮)差押債権が複数口（銀行の数×各行の支店の数）になりますので、**(仮)差押債権の総額が請求債権を超えないよう（超過(仮)差押えの禁止）、割り付ける必要**があります。後掲図を参照してください。

割り付ける設定金額は、債権者の任意です。後掲図に即していえば、機械的に30万円ずつでも可です。

ただ、そうすると取りっぱぐれのリスクを抱えることになります。後掲図において、仮に機械的に30万円ずつ割り付けたが、実際の預金額がこの図の実預金額であった場合、B銀行に対しては、30万円しか差さってませんから、20万円取り損ねることとなってしまいます。

預金の多寡がある程度推測できる場合は、それにあわせて割り付け額を設定する必要があります。分からなければ、機械的な均等割で仕方がないと思います。

割り付けの方法

請求債権額　　　　　　　　　　　　割付額　実預金額（申立時はわからない）

90万円　　→　（A銀行）　30万円　10万円

　　　　　→　（B銀行）　30万円　50万円

　　　　　→　（C銀行）　30万円　30万円

2　真の義務者の確認と期間を区切ること

---

(1) 真の第三債務者

　債権（仮）差押えで差すのは、債務者の第三債務者に対する債権です。当たり前です。賃料（仮）差押えの場合、債務者の入居者・テナントに対する賃料債権を差すことになります。

　債務者が入居者等と直接賃貸借契約を締結していれば問題ありませんが、サブリース（賃貸管理会社等が一括してオーナー（債務者）と賃貸借契約を締結し、賃貸管理会社等が実際の入居者に転貸借する形態）も結構みられます。

　サブリースが行われている場合は、入居者を第三債務者として賃料仮差押えをしても、債務者とは債権債務関係がないので、「債務なし」との陳述書が返ってきます。つまり空振りになります。この場合は、**賃貸管理会社等を第三債務者として賃料仮差押え**をする必要があります。

　似たような問題として、給料債権の場合、労働者（債務者）が直接雇用だと思っていたら派遣労働者だったという問題もあります。この場合に差すのは、**派遣会社と労働者間の給料債権**です。

　事前にこれらの契約形態が分かっていればよいですが、分からなくて、「でもやるんだ」という場合、担保が無駄になったり、サブリース契約を解消される等のリスクはありますが、まず実際の入居者を第三債務者として差して、空振りだったら陳述書を頼りに入居者と連絡を取って、誰から借りているか聞いてみるのも1つの方法です。もちろん、（仮）差押えせず、いきなり入居者に聞いてもよいです。

(2)継続的給付債権

　賃料（仮）差押えの場合、既発生部分のほか、将来継続的に発生する分（来月分賃料、再来月分賃料……）も押さえるのが通例です。

　すると、将来債権に対する（仮）差押えが認められるかという問題がありますが、給料その他継続的給付に係る債権として（民執法151条、民保法50条5項）、賃料債権は、債権発生の蓋然性が高いですから認められています。

　その他**継続的給付**に当たるものとして、実務上認められる債権には、給料（賞与）、役員報酬、診療報酬（最決平成17年12月6日民集59巻10号2629頁）、介護報酬等があります。

　継続的給付債権ではないですが、**将来債権**のうち、実務上（仮）差押えが認められる債権としては、保険契約に基づく保険金請求権、生命保険解約返戻金、競売代金剰余金・配当金等、退職金等（近々に退職が見込まれる場合）があります。

　継続的給付債権は、一定期間発生し続けます。本執行の場合、すなわち債権差押えの場合は、「○○円に満つるまで」という形で、請求債権＋執行費用（複数差押債権に割り付けた場合は割り付け額）が完済となるまで差押えの効力が継続します。

　一方、仮差押えの場合、あくまで債権保全のための暫定処分ですから、継続的給付債権を押さえる場合、押さえるべき**債権が発生する期間を限定**する必要があります。通常は、第1審判決までの期間と考え、**1年間**とする扱いが多いです。

40 同じ請求債権で 2回仮差押えできる?

Q 100万円の請求債権があります。債務者には100万円の定期預金があるとのことで、それに仮差押えしたところ、50万円との陳述書が戻ってきて、半分空振ってしまいました。

悔しいので、何か資産を見つけてもう1回仮差押えしたいのですが、できますか?

A 2回目の仮差押時点で保全の必要性が認められることが大前提ですが、保全が不足している50万円の限度でできます。

1 追加仮差押え

本問は、同一被保全債権に基づく追加仮差押えの問題と呼ばれるものです。

この論点に関しては、昔はできないとする否定説も有力で、特に東京地方裁判所は否定説で運用していました。

なぜできないと考えるかというと、保全事件の訴訟物?（保全物?）をどう考えるかという小難しい話がありますがざっくりいえば、被保全権利について一度裁判所の判断がなされたのだから、同じ権利でおかわりするのは広い意味での一事不再理効に反するし、仮差押解放金（→ ）もその都度発生して増加し、債務者の不利益になるということでした。

でも本執行は、債権の満足を得るまでおかわり可能ですし、後になって保全の必要性がまた生じることもある（訴訟物?　を権利+保全の必要性と考える）。解放金の問題は運用でなんとかなる。このような理屈で、最高裁決定（最決平成15年1月31日民集57巻1号74頁）は、この論点につき肯定説を採用し、現在では、同一被保全債権に基づく追加仮差押えを認める運用がなされています。

2　追加仮差押えが認められる要件

　先の最高裁決定は、特定の目的物につき仮差押命令を得た債権者は、違う目的物について更に仮差押えをしなければ、債権の完全な弁済を受けるに足りる強制執行をすることができなくなるおそれがあるとき等の場合、追加仮差押えができるとしています。

　つまり、**先行仮差押えだけではなお保全不足が生じている場合と発令後に被保全権利につき保全不足が生じた場合**ということです。

　東京地裁の運用では、次の場合に追加仮差押えを認めています。

（1）先行事件で保全不足がある場合

①先行事件の時点で保全不足がある場合

　1000万円の請求債権で600万円の不動産の仮差押えをして、あるいは債権仮差押えをして、その後に別の財産が見つかったような場合です。保全不足額400万円の範囲内で追加仮差押えが認められます。なお、不動産に関する保全額は仮差押解放金の金額をベースに判断します。

②先行事件発令後に保全不足が生じた場合

　不動産仮差押えで発令後に不動産価額が下落した場合や、本問のように債権仮差押えで仮差押債権額より実際の債権額（第三債務者からの陳述書での回答で疎明）が少なかった場合、保全不足額の範囲で追加仮差押えが認められます。不動産が下落したことは正規の鑑定書等で明らかにする必要があります。

（2）他債権者から差押え・仮差押えがなされた場合

　他債権者と差押え・仮差押えが競合した場合、配当は債権額で按分されますので、当初見込みより他債権者への配当分だけ保全不足が生じることになります。よって、この配当減額分の範囲で追加仮差押えが認められます。

41 有名義債権での仮差押えってどうやるの？

Q Aは、Yに100万円の債権を有し、訴訟して確定判決があります。執行文も取りましたし、送達証明書もあります。Yには自宅以外にめぼしい資産がなく、これに強制競売をかけようとした矢先にAが亡くなってしまい、Xが単独で相続しました。Yは、かなり狡猾な人物とのことです。

この先どう進めたらよいでしょうか？

A 相続調査が終わり相続人はXで確定しているという前提で、次の手順のとおりです。

①Yの自宅に仮差押えを打つ。

②確定判決に承継執行文の付与を受ける。

③強制競売を申し立てる。

---

1 承継執行文の付与

確定判決の原告名義はAなので、今ある確定判決では、債務名義（→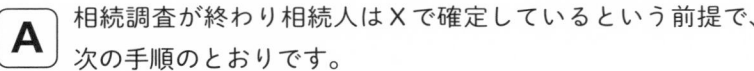）の債権者（A）と強制競売の債権者（X）が一致しません。したがってこのままでは強制競売できません。

原告に相続によって承継が生じていますので、確定判決に承継執行文の付与を受けてから（民執法27条2項）、強制競売の申立てをする必要があります。

---

2 仮差押えを打っておくべき

承継執行文の付与を受け、「さあ、強制競売申立てだ！」でもよいのですが、Yが狡猾な人物とのことで、ヘタレな当職としては1つ懸念があります。承継執行文の付与手続自体は、承継を証する書面（本問では

戸籍関係）を添付して簡単にできますが、執行開始要件として（→12）この承継執行文と承継事実証明の謄本を債務者Yに送達する必要があるのです。そうすると、執行をかける前にYに「これから執行するからね」ということを教えているのに等しく、変なことをされる前に対象資産（Y自宅）を凍結しておいたほうがよさそうです。

そのための手段として仮差押えを打ちます。

本来、債務名義がある場合、**権利保護の必要性**（→36）は否定されますが、「強制執行を行うことを望んだとしても速やかにこれを行うことができないような**特別の事情**」（東高決平成24年11月29日判タ1386号349頁）がある場合、権利保護の必要性が認められます。上記の事情はまさに特別な事情に当たりますので、本問でも仮差押えは認められます。当職はこの手の仮差押えを相当数やってきましたが問題視されたことはありません。全て発令されてます。

3　権利保護の必要性が認められる場合

債務名義を有していても、債務名義に条件又は期限が付されている場合又は債務名義に執行停止の裁判（民執法39条1項各号）がなされている場合等には、特別の事情ありとして裁判例上、権利保護の必要性が認められています。

論点として、不動産に先順位抵当権が設定され、現在は無剰余であるが近い将来に剰余が生じる可能性（例えば抵当債務の返済）がある場合に権利保護の必要性を肯定するかという問題があります。今すぐ強制競売しても無剰余取消は必至ですが、さりとて将来宝の山になるかもしれないのにいつ処分されるか分からないので保全を打っておきたい、というのが問題意識です。

最決平成24年9月6日判時2206号15頁の射程の問題ですが、下級審の裁判例ではこれを肯定するもの（名高決平成20年10月14日判時2038号54頁）もあります。

42 動産仮差押えの際は、動産を特定するの?

Q 動産仮差押えを検討しているのですが、どんな動産があるか分かりません。動産を特定する必要がありますか?

A 条文上必要ありませんが、実務上ある程度の特定を要求されることがあります。

　なお、本問は本執行としての動産執行と共通するところがありますので、その場合（仮）差押え等と表記します。

1　動産（仮）差押えの対象

　動産仮差押えは、**目的物を特定しないで発令**することができますので（民保法21条）、申立てにあたり、目的物を特定する必要はないです。ただし、実務上は、超過仮差押えの有無や保全の必要性の判断のため、申立書の理由中、あるいは上申書等である程度の特定を求められることが多いです。

　一方、動産（仮）執行にあたっては、動産の所在する場所を特定する必要があります（民保規40条、民執規99条）。

　動産（仮）差押えとは、概念的には、場所に対する執行（その場にある執行可能動産をひっくるめて押さえる）といってもよいかもしれません。

　目的物特定は必須ではないが（もちろん特定してもOKです）、場所はきっちり特定させておく（目星を付けておく）必要があります。

　債務者が動産を占有（所持でよいとされてます）している場合、債務者の所有と推定でき（民法186条1項）、押さえることができますので、ここでいう場所とは、債務者が占有している場所と≒（ニアリーイコール）と考えてよいでしょう。典型的には、個人の居宅、債務者支配下にある倉庫、別宅等、個人事業者や法人であれば、事務所、工場、倉庫等があります。

なお、銀行の貸金庫の内容物を押さえたい場合ですが、この場合債務者と銀行の共同占有下にあると考えますので、動産（仮）差押えではなく、貸金庫内容物に対する引渡請求権を（仮）差し押さえることとなります。

　動産（仮）執行の１つのポイントとして、特定した場所が債務者の占有にあるかどうかという点があります。例えば、債務者の自宅に執行を掛けたが、不在である上、表札や郵便受けに名前がないような場合、債務者の占有を認定できず、執行不能になることがままあります。特定した場所が債務者の占有下にあることを事前に十分に確認の上で債務者不在に備え、執行当日、執行官の占有認定を助ける資料等を用意しておく必要があります。

2　（仮）差押え禁止動産

　債務者所有の動産であれば何でも押さえられる訳ではなく、まず債務者利益を考えて、執行官が選択したものとなります（民執規100条）。

　次に（仮）差押えが禁止される動産があります。これが結構範囲が広くて、（仮）執行しても押さえるものがなく、執行不能になることも多いです。

　差押禁止動産は、民執法131条各号でリストアップされてますが、債務者が個人の場合、重要なのは１号と３号です。

　１号は、生活必需品です。衣服、寝具、家具等が例示列挙されていますが、具体例としては、生活保護受給者が保有を認められる生活用品が参考になります。それは普及率70％を超えるもので、テレビ、クーラー、冷蔵庫、洗濯機、携帯電話（スマホ）等は全て差押禁止になると考えます（執行官の現場判断）。

　３号は、標準世帯の２ヶ月間の必要生計費を勘案して政令で定める額の金銭ですが、政令（民執令１条）で定める金額は、66万円です（令和５年９月現在）。一般家庭では普通そんなに現金を置いていませんね。

　こうしてみると、動産（仮）差押えで回収に結びつけるのは、中々難しいです。当職の経験でも債務者が不在で占有認定できないとか、差押え可能な動産がないとかで執行不能に終わることが多いです。

43 相続登記未了物件を仮差押えできる?

Q 債務者Yの自宅を調べたら、債務者の父親Aの名義で、しかも父親Aは既に亡くなり、債務者Yが単独相続していることが判明しました。この自宅に仮差押えを検討しているのですが、可能ですか? またどういう手順が必要ですか?

A ①一般的な仮差押えの要件を満たしていれば、相続登記未了物件に対する仮差押えも可能です。

②手順として、一般的な方法は次のとおりです(東京地裁)。

ⅰ Yを仮差押債務者とする仮差押命令の申立てを行い、発令を受ける。

ⅱ 発令時に登記嘱託書兼登記原因証明書を裁判所から受け取る。

ⅲ 上記を代位原因証明情報として、債権者において相続代位登記を行う(嘱託で仮差押登記も)。

---

1 相続登記未了物件に対する仮差押え

相続登記は未了ですが、相続により自宅をYが所有し、その責任財産になっていますから仮差押えの目的物としての適格性はあります。

ただ、不動産仮差押えの保全執行は仮差押登記であり(→**20**)、登記の前提として、登記記録上の名義人(A)と仮差押登記の登記義務者Yが一致してないと登記申請が却下されます(不登法25条7号)。であれば、手続的に登記面と実態(相続が生じたこと)を一致させればよいわけです。

正攻法としては、債権者代位権(民法423条)に基づき、仮差押決定を代位原因として、**債権者が代位により相続登記行った上で**、仮差押登記を入れればよいこととなります。

他の方法として、本問のように単独相続の場合しか使えませんが、登

記面はそのままに、仮差押債務者（当事者目録）の記載を「被相続人A
相続人Y」として、Aの登記面上の住所を併記するという方法もありま
す。

　この方法はあくまで例外という扱いであり、相続登記に必要な書類が
すぐに揃わないような場合に使用されます。

2　仮差押登記までの手順

(1)申立て

　正攻法による場合、申立書に登記名義人について相続が生じ、債務者
がその相続人であることを記載し、疎明資料（戸籍等と相続放棄の申述有
無に対する回答書等）を添付します。戸籍等と固定資産税評価証明書は
代位登記の際に使用するので原本を債権者のほうで持っておくようにし
ます。

　本問では単独相続なので、物件目録も通常と変わりませんが、相続人
が複数いる場合、差せるのは債務者の相続分（持分）だけですから、物
件目録上記載した各不動産の末尾に「この共有持分○分の○」と付記し
ます。

　それ以外は普通の不動産仮差押えと変わりません。

(2)発令

　普通どおりに立担保して、受入手続を終えると、通常であれば裁判所
書記官が行う仮差押登記の登記嘱託書が手渡されます。「相続代位登記
と併せて、債権者のほうで申請してね」ということです。

　難しい登記ではないので、是非ご自身でやってみましょう。次に参考
書式を載せておきますので参考にしてください。

　東京地裁では、登記嘱託書が登記原因証明書（代位原因）を兼ねてい
ます。この書面を代位原因証明情報として、債権者のほうで相続代位登
記と仮差押登記の嘱託登記を行います。

　この際に注意すべき点が2点あります。

　まず、相続代位登記と仮差押嘱託登記を**連件申請**することです。連件
申請すると両事件の受付番号が連番になり、両事件の間に別の登記申請

が入ることを防止できます。

　連件申請の仕方は、申請書（登記嘱託書）の右肩に（連件申請１／２、２／２）と書いておけばよいだけです。なお、代位登記が先番号（１／２）で、仮差押登記が後番号（２／２）です。逆にすると登記申請が却下されてしまいます。

　２つ目は、保全執行の期間制限（→ **20** ）を遵守するということです。不動産仮差押えの保全執行（嘱託登記申請）は、裁判所書記官がやってくれますので、債権者としては期間制限があることを失念しがちです。しかし、このケースでは、裁判所書記官に代わって債権者が保全執行しなければならないので、発令後、**２週間以内に保全執行に着手**（登記嘱託書が法務局に到達しているところまで見込んだ方が安全）することを頭に入れておく必要があります。

（3）登記完了

　登記申請が終わったら、各法務局のWebサイトで登記完了予定日を確認します。

　もし補正等が必要になった場合は、法務局から電話で連絡がありますので所要の補正を行います。補正がなければ、登記完了予定日までには登記が完了してますので、登記事項証明書を取るなり、登記情報を検索するなどして仮差押登記がきちんと入っているか確認して一件落着となります。

　なお、東京地裁の運用では発令後１週間で仮差押決定を債務者に発送します。登記完了日が１週間以上先になっていて、それまでの間に債務者への送達をしたくない事情がある場合は、裁判所に債務者への送達を遅らせて欲しい旨の上申書（いわゆる遅らせ上申）をしておけばよいです。

相続代位登記の登記申請書

登 記 申 請 書

登記の目的　　　所有権移転

原　　　因　　　令和○年○月○日相続

相 続 人　　　（被相続人　Ａ）

　　　　　　　　（被代位者）　○○市○町○丁目○番○号

Ｙ

代 位 者　　　（申請人）　　○○市○町○丁目○番○号

Ｘ

代 位 原 因　　令和○年○月○仮差押命令の仮差押登記請求権
添 付 書 類　　登記原因証明情報・代位原因証明情報（後件添付）・住
　　　　　　　　所証明情報・代理権限証明情報・固定資産税評価証明書
　　　　　　　　各１通

■　登記識別情報の通知を希望しません。
■　登記完了証は代理人宛郵送希望

令和○年○月○日申請　　○○地方法務局　御中

代 理 人　　東京都○区○町○丁目○番○号
　　　　　　　　××法律事務所　弁護士　何某
　　　　　　　　（以下略）

44 「仮差押解放金」って何?

Q 仮差押解放金って何ですか?　また供託されるとその後仮差押えはどうなりますか?

A 仮差押解放金とは、債務者がその仮差押えの執行の停止または取消しを行うために必要な金銭で、これを供託することによって保全執行は取り消され、債務者は仮差押えの執行から解放されます。
　　仮差押解放金が供託されると、仮差押決定の効力は、この供託金の取戻請求権の上に移行します。

1　仮差押解放金とは

　仮差押えが発令される際、裁判官は職権で仮差押解放金の額を定めます（民保法22条）。これは、決定主文に次のように記載されます。

　「債務者は、金〇〇円を供託するときは、この決定の執行の停止又はその執行処分の取消しを求めることができる。」

　債務者は、解放金を供託して、保全執行裁判所に供託の事実を証明すると（供託書正本を提出）、保全執行裁判所は決定で保全執行を取消し、債務者は保全執行から解放（不動産仮差押えであれば仮差押登記の抹消登記）されます（同法51条1項）。

　しかし、解放金が供託されることは稀です。そもそも金がないからそうなっているわけですし、解放金を支払える資力があれば面倒な供託などせずに、「解放金全額支払う」ということで債権者と交渉して仮差押えを取り下げてもらえばよいだけですから。これは当職も経験があります。

2　解放金供託後の仮差押えの効果

　解放金の供託により従前の保全執行の効力はなくなりますが、債権者は供託金をそのままもらえるわけではありません。仮差押えの効力は、**供託金に対する取戻請求権**の上に移行します。つまり、本来の目的物に代わって供託金が被保全権利を保全することとなります。

　なお、供託金の払渡請求には、被供託者（本来の弁済を受ける人）が行う還付請求と供託者が行う取戻請求（供託者が供託金を取り戻すこと）があります。還付請求権ではなく取戻請求権に移行する点に注意してください。

　この他、**みなし解放金**と呼ばれるものがあり、これは実務上よく見かけます。みなし解放金とは、債権仮差押えで第三債務者が執行供託（→ **19**）した場合の供託金のことです（民保法50条3項）。

3　解放金に対する権利行使方法

（1）仮差押解放金の場合

　債務名義を取得し、仮差押解放金（供託金）の**取戻請求権**に対して債権差押えの申立てをします。あとは、通常の債権差押えの場合と同様の手順を取ります（→ **19**）。債権競合がなければ直接取立て（供託金払渡請求）or 転付命令を得て取立て、債権競合があれば**（2）**のように配当等手続によることとなります。

（2）みなし解放金の場合

　この場合、供託金**還付請求権**に対して債権差押えを行います。この差押えにより、当該供託は、民執法156条1項の権利供託に転化すると考えますので、以後、執行裁判所による配当等手続が開始され、これにより債権者は配当等を受けることになります。

　配当等のもらい方ですが、裁判所書記官が供託所に支払委託し、その証明書を債権者に交付します。債権者は、払渡請求書にこの証明書を添えて供託金の払渡請求を行いお金をもらいます。

45 無断転貸されている建物の仮処分の相手は?

Q Aに建物を賃貸していたところ、Aは、家主に無断でYに建物を転貸してしまい、現在、Yが建物を占有しています。
Yに対して占有移転禁止仮処分を検討しているのですが、Aに対する占有移転禁止仮処分も必要でしょうか?

A Aが建物について現実的占有をしていないのであれば不要です。実務運用上は、Aに対する占有移転禁止仮処分は認められません。

1　間接占有者

本問で、直接占有者はYであり、Aは現実的に建物を占有していないとします。そうするとAは、Yの占有を通じて観念的に建物を占有しているという、いわゆる間接占有者ということになります。

この場合の本案訴訟は、YとAを共同被告とする建物明渡請求訴訟になりますので、「Aに対しても占有移転禁止仮処分が必要なんじゃないか?」と不安になります。

しかし、占有移転禁止仮処分の保全執行は、執行官が債務者の占有を取り上げる方法によって行われますので(実際は、債務者使用を認める類型がほとんどです。→ **37**)、その対象は、現実に占有を取り上げることができなければなりません。すなわち、現実に建物を支配(使用)している直接占有者Yのみが対象になり、観念に過ぎないAの間接占有は対象となり得ないです。

また、仮に、A−Y間の転貸借契約が解消され、AがCに再度転貸し、Cが直接占有者となった場合、Yに対する占有移転禁止仮処分の保全執行として公示(民保規44条1項、民保法25条の2第1項2号)がなされていれば、Cは基本的に悪意の占有者等になりますから(民保法62条)、Y

に対する仮処分の当事者恒定効が働くこととなります。Yに対する債務
名義を取得した上で、CをY承継人とする承継執行文の付与（民執法27
条2項）を受ければCに対する明渡執行は可能です。そうすると、Aに
対する仮処分は保全の必要性（権利保護の必要性）がないともいえます。

　このような考え方から、実務上、**間接占有者に対する占有移転禁止仮
処分は認められません**。

　なお、本問で、仮にAにも直接占有が認められる場合、つまり何らか
の形で転借人Yと共同で建物を直接占有している場合は、Aに対する占
有移転禁止仮処分も肯定されますが、下記のように、ややこしい問題が
生じることもあります。

2　占有補助者

　以上は、AとYが完全に独立した占有者であるという前提ですが、仮
にAとYが夫婦、あるいは使用者とその従業員であったりすると話が少
しややこしくなります。

　賃借人を妻（A）とした場合の同居の夫（Y）、あるいは会社（A）と
その代表者（Y）等は、占有者（A）の単なる補助者、いわゆる**占有補
助者**と扱われ独立した占有があるとは考えません。これらの場合は、A
に対する債務名義でYに対しても強制執行が可能です（民訴法115条1項
4号）。

　そうすると、占有者は誰かという事実認定の問題にはなりますが、A
とYが共同占有している場合、A－Y間の転貸借契約は便宜的なもので
あり、Aが真実の占有者でYはその占有補助者に過ぎなければ、Aに対
する債務名義だけで明渡執行できます。そうするとAに対する仮処分は
必要ですが、Yに対する仮処分は保全の必要性（権利保護の必要性）が
ないといえます。

46 土地明渡しの際にやるべき訴訟と仮処分は?

Q 地主Xの代理人です。次の図のような状況下で、甲土地の明渡しを行う場合、なすべき訴訟と係争物仮処分を教えてください。

（図）

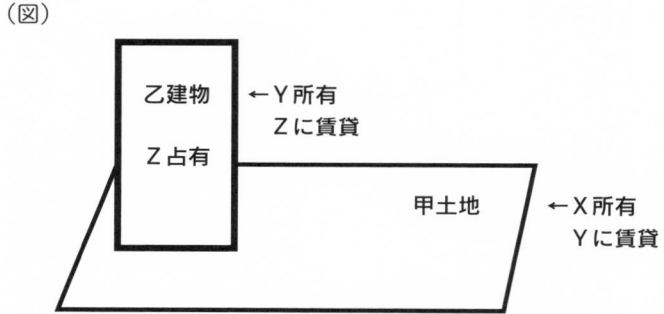

A ①Yに対して、建物収去土地明渡訴訟です。その仮処分としては、乙建物に対する処分禁止仮処分と甲土地に対する占有移転禁止仮処分になるかと思います。

②Zに対して、建物退去土地明渡訴訟です。その仮処分としては、乙建物に対する占有移転禁止仮処分です。

---

1 Yに対する訴訟と仮処分

Xは、土地の明渡しを企図しているのですから、まず、乙建物を取り除いて甲土地を更地にする必要があります。そのため建物収去土地明渡訴訟は必須ですね。

その強制執行である建物収去執行（→ **19**）は、建物所有者に対して行う必要がありますが、当事者恒定（→ **21**）のため仮処分を打つ必要があります。この場合、正確には「**建物収去土地明渡請求権を保全するため**

の建物の処分禁止の仮処分（民保法55条）」となります。

　この仮処分の保全執行は、「処分禁止仮処分（建物収去請求権保全）」の仮処分登記を入れる方法で行われます。その効果として、この登記後の建物譲受人に対しても債権者（原告）は収去執行ができることになります（同法64条）。実際には、建物譲受人を承継人とする承継執行文の付与を受けて執行申し立てをすることになります。

　さて、図を見ると建物敷地以外の部分がずいぶん広いです（お庭部分）。前述の処分禁止仮処分では、お庭部分に何の効果も与えられませんので、もし第三者が占有しそう（そうでなくとも不安あり）であれば、Yを債務者として甲土地に対する**占有移転禁止仮処分**も打っておいたほうがよいです。

2　Zに関する訴訟と仮処分

　乙建物はZが占有している状況にあります。甲土地を明け渡すには乙建物をぶっ壊す必要がありますが、さらにその前提として建物を空けてもらう必要があります。人がいて残置物がある状況でぶっ壊しはできません。

　しかし、ZがYの占有補助者（→**45**）でもない限り、Yに対する建物収去明渡の債務名義では、Zを強制的に追い出すことはできません。そのためには、別途、Zに対する債務名義が必要であり、これが、Zに対する**建物退去土地明渡**の判決になります。

　ここで、理屈ですが、建物退去請求だけでよく、土地明渡請求までは不要ではないかという問題があります。確かにXは、建物の明渡しを求めるわけではなく建物ぶっ壊しのためには建物を空にすればいいだけなので、理屈としては退去請求だけでよいですね。ただ、実務的には、建物退去土地明渡として提訴することが多いと思いますし、それで不便が生じたこともありません。

　建物退去土地明渡訴訟の当事者恒定のため、占有者をZに固定しておく必要があります。そのためZを債務者として乙建物に対する**占有移転禁止仮処分**を打つことになります。

47 「発信者情報提供命令」って何?

Q 発信者情報提供命令とは何ですか?

A 令和4年10月1日施行の改正「特定電気通信役務提供者の損害賠償責任の制限及び発信者情報の開示に関する法律(以下「プロバイダ責任制限法」とする)」によって新設された発信者情報開示命令(非訟手続)を本案とする特殊保全処分です。

　なお、インターネット等における発信者情報開示に関する専門的知見は、神田知宏先生の『インターネット削除請求・発信者情報開示請求の実務と書式[第2版]』(日本加除出版、2023年)を是非参照してください。

1　従前の発信者情報開示仮処分

　例えば、当職が、何らかのサイトに対する投稿によって名誉を毀損されたとします。当職が損害賠償請求等を行うには、最低でも投稿をした人物の氏名・住所を知る必要があります。ただ、サイト等のコンテンツプロバイダ(以下「CP」とします)は、投稿者の氏名等、個人を特定する情報を持ちあわせていない場合が多いです。これらの情報は、投稿者の通信を媒介した携帯電話会社等のアクセスプロバイダ(以下「AP」とします)等が有してますので、当職は、APに対し、発信者情報開示請求を行うことで投稿者の氏名等を取得することができます。しかし、その前提として、問題となる投稿等の発信者を特定する情報(IPアドレス等)が必要になります。そのための手段として、従来使われていたのが、CPに対してIPアドレス、タイムスタンプ等の開示を求める発信者情報開示仮処分です。

　つまり当職は、次の①と②の手順を踏んで相手方の氏名等を把握した

上で、本番の損害賠償請求訴訟等を行わなければなりませんでした。

①まずCPに対して発信者情報（当該投稿のIPアドレス等）の開示を求める仮処分の申立てを行う。

②次に開示を受けたIPアドレス等からAPを割り出して、APに対して発信者情報開示請求を行う。任意の請求に応じてもらえない場合は、APを被告として発信者情報開示請求訴訟を提起し、認容判決を得て投稿者の氏名等を覚知する。

2　改正プロバイダ責任制限法による新設手続

上記で説明したとおり、相手方を特定するだけで2回も裁判手続を踏まなければいけないというのは大変面倒で、被害者の権利保護に欠ける憾みがあります。

そこで、改正法では、訴訟によらず、簡易迅速に発信者情報開示請求ができるよう、非訟手続として新たに**発信者情報開示命令**（プロバイダ責任制限法8条）と発信者情報開示命令申立事件を本案事件とする**特殊保全処分として、発信者情報提供命令**（同法15条）と発信者情報消去禁止命令（同法16条）を新設しました。

3　発信者情報提供命令

発信者情報提供命令とは、提供命令を受けた開示関係役務提供者（プロバイダ責任制限法2条7号、主としてCP）に対して、

①申立人に対し、他の開示関係役務提供者（主としてAP）の氏名又は名称及び住所（氏名等情報）を特定して提供すること

②他の開示関係役務提供者（主としてAP）に対し、保有する発信者情報等を提供すること

を命じるものです（同法15条1項1号、2号）。

上記①を第1号提供命令、上記②を第2号提供命令といいます。

48 発信者情報開示手続の流れは?

Q 発信者情報開示命令、発信者情報提供命令、発信者情報消去禁止命令の関係とこれらによる発信者情報開示の手続の流れを教えてください。

A 概要は、次のとおりです。略称は **47** によります。

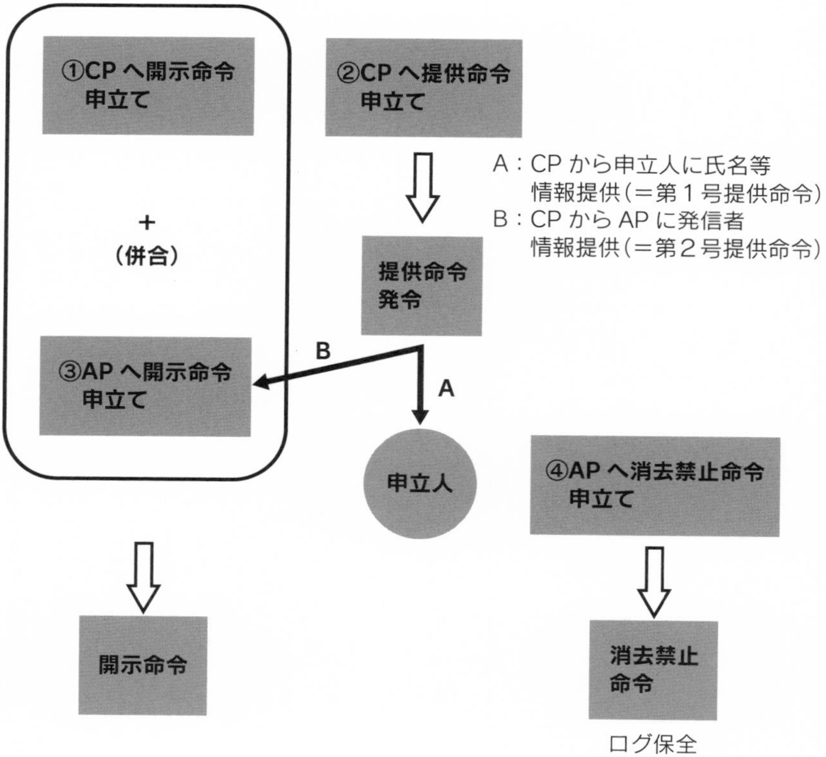

①CP へ開示命令申立て	②CP へ提供命令申立て

+（併合）

A：CP から申立人に氏名等情報提供（＝第1号提供命令）
B：CP から AP に発信者情報提供（＝第2号提供命令）

提供命令発令

B →

③AP へ開示命令申立て

A

申立人

④AP へ消去禁止命令申立て

開示命令

消去禁止命令

ログ保全

1 CPへの申立てと第1号提供命令

書式や手続の詳細は東京地裁民事9部のWebサイトを参照してください。https://www.courts.go.jp/tokyo/saiban/minzi_section09/hassinnsya_kaiji/index.html

図について、まず申立人は、CP（旧Twitter等のSNS事業者等）に対して発信者情報開示命令の申立て（図①）と同提供命令の申立て（図②）を行います。開示を求める内容は、IPアドレス等の発信者情報です。

提供命令自体は、申立てから数日〜1週間で発令されます。発令されると、**CP（旧Twitter等）から申立人にAP（ドコモ等の通信事業者等）の氏名等情報が第1号提供命令により提供され**（図A）、APが判明しますので、APに対して発信者情報開示命令の申立てを行います（図③）。開示を求める内容は、次で述べる第2号提供命令によって特定された投稿者の氏名、住所等です。この申立ては図①の申立てと併合され開示請求の一体性を確保します。

2 APへの申立てと第2号提供命令

APへの開示命令申立てをしたら、申立人は、提供命令が発令されているCPに「申立てしたよ」と通知します。そうすると**CPは、第2号提供命令（図B）に従い、APへ投稿者のIPアドレス等の発信者情報を提供します**。これによってAPは、当該IPアドレス等の発信者情報によって、対象人物を特定することが可能となります。

APのアクセスログ等は、数ヶ月〜半年で消去されるようです。これを防止するのがAPへの発信者情報消去禁止命令の申立て（図④）です（プロバイダ責任制限法16条）。この処分は必須ではありません。その後、発信者情報開示命令の審理が行われます。AP等は、開示に応じるかどうか発信者（投稿者）の意見聴取を行う必要があります（同法6条1項）。

発信者情報の開示決定がなされると、求めていた発信者情報（APについて氏名、住所等、CPについてIPアドレス等）が申立人に開示されます。開示決定に異議がある場合、異議の訴えの提起により、訴訟に移行します（同法14条1項）。

49 仮差押えされた場合の対応は?

Q 依頼者から「仮差押えを受けた」との連絡がありました。とにかく考えられる法的対抗手段を教えてください。

A 以下の手続かと思います。
①保全異議
②事情変更による保全取消し
③起訴命令による保全取消し
④仮差押え解放金の供託

---

1 保全異議

保全命令に対して、債務者が争う最もオーソドックスな方法です（民保法26条）。保全審理のやり直しを求めるもので、異議の理由は、**被保全権利の不存在、保全の必要性の不存在**のほか、保全担保が低すぎることや仮差押解放金が高すぎること等、**原決定を変更すべき事由**で、発令後に生じた事由も含みます（保全取消事由も含むことになります）。

狭義の保全の場合、債務者は、決定が送達されて初めて事の次第を知ることになるでしょうから、まず記録の閲覧謄写を行い（同法5条）、申立ての理由を把握し、問題点を検討することになります。

私見ですが、被保全権利を異議理由とする場合、被保全権利の不存在等を書証で容易に立証できるような場合でなければ、本案訴訟で白黒付けたほうが速いと思います。保全の必要性を欠くような場合（仮差押えされた資産以外にも資産がある等）に適合があるかと思います。

保全異議の審理は、最低でも1回は口頭弁論又は双方審尋期日を経た上で、審理終結に当たっては相当の猶予期間を与える必要があります（同法29条、31条）。

2 事情変更による保全取消し

　発令後の事情の変更により発令要件を満たさなくなったような場合（被保全権利を保証人が弁済した。資力が回復してお金持ちになった等）、保全の取消しを求めることができます（民保法38条）。保全異議と被りますが、その違いは、保全取消しは審理のやり直しを求めるものではなく、**取消事由が発令後の事情に限定**される点です。

　従って、保全異議と保全取消しの双方を申立てし、要件を具備すれば併合することも可能ですが、異議理由及び取消事由を同位的に主張することはできませんので、選択的併合か予備的併合の形となります。

3 起訴命令による保全取消し

　嫌がらせ目的の仮差押えで債権者が本気で訴訟をする気がないと考えられる場合や本案訴訟で勝訴できる見通しがある場合には、起訴命令の申立てを行い、**債権者に訴訟提起を促す**方法が考えられます（民保法37条）。起訴命令を受けた債権者が一定期間（1ヶ月が多い）に本案提訴の事実を保全裁判所に証明しなかった場合、債務者の申立てにより当該保全命令は取り消されることとなります（同法37条3項）ので、不誠実仮差押えからの救済手段となります。

　保全命令の内容によっては、本案訴訟は、家事調停や労働審判の申立てなどになります（同法5項）。

4 仮差押解放金の供託

　お金があればという前提になりますが、とりあえず保全執行（仮差押登記等）を外したいという場合、仮差押決定で定められている仮差押解放金を供託する方法があります（→ 44 ）。

50 担保取消しとは?

Q ①仮差押え後、訴外で債務者と被保全権利を分割弁済する内容で和解することになりましたが、特に気をつける点はありますか?

②また、この時の供託は、私(弁護士)が債権者を代理して行いましたが、供託金の払渡しを受けるときに私の印鑑証明書は要りますか?

A ①について、完済になるまで仮差押えは取り下げないという一般的注意事項と、保全担保について、担保取消しの同意書・即時抗告権の放棄書・担保取消決定正本受書と印鑑証明書をもらっておく点です。

②について、供託時の委任状に代理人の印を押印し、供託官の確認を受けている場合、その委任状に押印された印鑑を使用すれば、印鑑証明書は不要です。ただし、供託金を代理人弁護士の口座へ送金してもらう場合は債権者(供託者)の印鑑証明書が必要です。

1 保全取下げ

仮差押え、あるいは仮処分後に訴外で債務者と和解する例は稀ではありません。訴外和解狙いで保全申立てするという考え方もあるでしょう。

この場合、本案訴訟がなく、保全事件自体は取下げで終了させることになります。言うまでもないですが、和解の履行担保のために仮差押えは、和解に基づく分割弁済が終了するまで(完済になるまで)取下げしないようにします。

和解と同時に仮差押えの取下げもする場合は、担保取消しと仮差押えの取下げのどちらを先行させるかも決めておいたほうがよいでしょう。

2　担保取消し

　単純に和解しただけでは、保全担保がそのままの状態になってしまいますので、その取戻しを考えておく必要があります。

　「担保はいつ戻ってくるか？」といえば、担保を維持する必要がなくなったときです。そして、保全担保は、保全手続が違法・不当であったときの債務者の損害を担保するものですから、この**損害賠償債務を保全債権者が負担する必要がなくなったときは担保は不要になります**。具体的には、保全手続の適法性が確定したとき≒本案訴訟で債権者の勝訴判決が確定した場合と保全債務者が「担保は要らない」と言ったとき≒債権者の担保取消しに同意する場合等です。

　では、本案訴訟で債権者が敗訴してしまい、債務者から担保取消しの同意も取れない場合や本問で同意を取得することを忘れたような場合、「担保はもう返ってこないのか？」と言えば、債務者の同意を擬制することによって担保取消しが認められます。どういうことかというと、債権者（担保提供者。以下、単に「債権者」とします）が債務者（担保権利者。以下、単に「債務者」とします）に一定の期間内に（2週間が多い）権利を行使すべき旨を催告し、この期間内に権利行使がない場合（債権者に対する損害賠償請求訴訟の提起等の証明）、同意があったとみなします。これを権利行使催告といい、債権者が保全裁判所に申し立てて行うことになります。

　以上をまとめると、保全担保取消し（民保法4条2項で民訴法79条を準用）ができる事由等は後掲表のとおりとなります。

3　担保取消しの手続

　後掲表のとおり、担保取消しは、保全裁判所（発令裁判所）に対する申立てによって行われます。この申立書と一緒に供託書正本のコピーを添付した供託原因消滅証明申請書も提出します。

(1)民訴法79条1項

　原則型の民訴法79条1項の流れで、まず説明します。

担保取消しの申立てをすると、裁判所は決定でその可否を判断します。担保取消決定に対して、債務者は即時抗告ができますので（民訴法79条4項）、決定を債務者に送付し（実務上は特別送達しています）、即時抗告期間1週間の経過を待って、確定すると供託原因消滅証明書が債権者に交付されます。これに要する期間が約1ヶ月となります。

(2)民訴法79条2項

　民訴法79条2項の同意がある場合ですが、まず、訴外和解（和解でなくても債務者から同意が得られれば同じです）の例を説明します。

　債務者から、担保取消しの同意書と真意を担保するための**印鑑証明書に加えて、即時抗告権の放棄書**も必ず取得するようにします。これにより、先に説明した原則型での決定の送付とその確定（即時抗告期間の経過を待つ）を省くことができ、期間が大幅に短縮できます（約1週間でできます）。必須ではありませんが、これらに加えて、債務者から担保取消決定正本受領書ももらっておくとよいでしょう。

　訴訟上の和解の場合、和解調書正本に担保取消同意と即時抗告権の放棄条項があれば、この和解調書正本を提出（原本提示し、写しを提出する）することで足ります。

(3)民訴法79条3項

　権利行使催告の場合ですが、担保取消しの申立書と一緒に権利行使催告の申立てもします。この場合は、保全命令（保全執行）の取下げも要件となりますので、併せてその取下げも行います。保全執行機関が執行官の場合は、執行官から取下・執行取消証明書をもらって添付します。

　これらの申立てがあると、まず権利行使催告書を債務者に送付（実務上は特別送達しています）し、催告期間の経過を待って、担保取消決定を行い、これを**(1)**のとおり、債務者に送達して、確定したら供託原因消滅証明書が交付されるという流れになります。事実上、債務者への2回の送達と期間経過を待つ必要がありますので、最短でも約2ヶ月、送達がうまくできなかったりするとそれ以上の期間を要することとなります。

担保取消しができる事由

条文（民訴法）	要件	必要書類	期間
79条1項	本案訴訟の勝訴確定、勝訴的和解、債務者の損害賠償請求訴訟敗訴確定	判決正本等、確定証明書	約1ヶ月
79条2項	債務者の同意	（訴外）同意書＋債務者の印鑑証明書	（抗告権放棄もある場合）1週間程度
		（訴訟等）同意条項付和解調書正本等	
79条3項	1　本案敗訴確定等	判決正本等、確定証明書	2ヶ月以上
	2　保全事件及び同執行の取下	保全命令申立取下書等	
	3　権利行使催告の申立て	権利行使催告申立書	

4　供託金払渡請求

　担保取消決定確定後、債権者は、供託金払渡請求書に裁判所から交付を受けた供託原因消滅証明書を添付して、供託した法務局に供託金の払渡しの請求（取戻請求）をして供託金を返してもらいます。

　この際の印鑑証明書の要否に関しては回答で説明したとおりです。

　具体的な供託委任状の記載方法等ですが、供託時の委任状の余白に「確認を請求します。代理人弁護士○○印」と記載・押印すると、これに供託官が確認の旨と印鑑を押印して返してくれます。供託金払渡請求書に同じ印を押印し、この委任状を添付します。

第 4 章

強制執行手続に
関する質問

51 強制競売手続で代理人は何をする?

Q 強制競売で債権者（代理人）がやるべきことを教えてください。

A 競売事件の手続の流れは **28** のとおりです。
債権者（代理人）がやるべきことのアウトラインは次のとおりです。

実行の可否の検討→申立て準備→申立て→手続のチェック→配当等額のチェック→配当等の受領

---

1 実行の可否の検討

強制競売を検討しているということは、債務者の不動産が判明している状況でしょう。

ただ、不動産競売とは、突き詰めれば強制的に不動産を売却してその代金をもらう手続ですから、売れてなんぼです。**売れない物件は意味がない**です。また、売れる物件でも他の債権者に代金を吸い上げられて自分にまで回ってこなければやはり意味がありません。

ただ闇雲に差しても無駄足に終わることがありますので、本当に競売したほうがよいのか検討します（→ **52**）。

---

2 申立て準備

不動産強制競売を申し立てるにあたって、色々と取りそろえる書類や一定額の**お金（費用）が必要**です。

必要書類として最低限でも執行開始要件（→ **12**）を満たすための執行文や送達証明書が必要です。費用として金額が嵩むのは、基本的には予納金です。この準備を依頼者にお願いして準備してもらう必要がありま

す（→ 53 ）。

3　申立て

　強制競売申立書を起案して、必要書類等を添えて管轄裁判所（→ 25 ）
に申立てします。開始決定が発令されると、債務者から任売（任意売却）
の話があったりしますので、条件を検討してその対応等を行います
（→ 54 ）。

　対象不動産が相続登記未了物件である（→ 57 ）、あるいは債務名義取
得後に当事者に承継が生じている（→ 41 ）など、申立阻害要因や芳しく
ない事情がある場合は、申立前に相続代位登記を行う、あるいは仮差押
えを先に行っておくなどの準備手続を行います。

4　手続のチェック

　開始決定が発令されれば、あとは流れに任せていれば配当まで進みま
すが、3点セット（→ 15 ）をチェックして、執行妨害があればその排除
を検討したり、物件評価に誤りがあれば執行異議を出す等、**回収極大化**
のための行動を行います（→ 55 ）。

5　配当等額のチェックとその受領

　配当等期日通知及び計算書提出の催告書（以下「配当等呼出状」としま
す）が届いたら債権計算書と配当等金の受領方法を裁判所に提出します。
配当等期日の前に、配当見込額又は配当表の原案の照会が可能なので、
確認し、配当等額が想定より低いようなら配当異議を検討します。

　配当等期日を経て、配当等を受領したら、依頼者に送金して一件落着
です（→ 56 ）。

52 強制競売はどんな場合に やるべき?

Q 強制競売を「やる」「やらない」の判断のポイントは何ですか?

A そもそも売れる物件であるかということと、剰余価値（配当等がもらえるか）があるかという点です。

1 競売対象としての適格性を考える

51で説明したとおり、競売事件は物件が売れてなんぼです。ですから、売れない物件＝**取引価値がないか著しく低い物件は、競売対象として適格性を欠きます**。自己競落や買受人を予め用意しているような場合を除いて、競売はやめておいたほうがよいでしょう。落札者が現れずいわゆる三振アウト（民執法68条の3。→56）で取消しになる可能性が高いです。

一般的には、崖地や荒れ地、山林、僻地であったり、借地権が設定されている底地であったり、共有持分であったり、心理的瑕疵（殺人事件があった等）があったり、反社会的勢力の使用（占有）があったり等の場合、買う人が現れない可能性が高いと思いますので、慎重に判断します。

2 剰余価値が存在するかを確認する

物件に取引価値があって、債権者が自分だけなら代金丸取りでめでたいですが、優先債権者がいると代金を全て吸い上げられて、1円も回ってこない場合があります。物件価格から優先債権と執行費用（→53）を差し引いたおつりを剰余価値（余剰価値とも）といいますが、強制競売の差押債権者（一般債権者）の場合、剰余価値からしか配当等はもらえませんし、一般債権者が競合したら剰余価値の債権額按分です（→16）。

剰余価値は配当の段階になって正確な額が確定できるものですが、競売手続では、換価手続（期間入札）に入る前の売却基準価額が決定した段階で（→55）、売却基準価額の80％である買受可能価額（民執法60条3項）を前提として無剰余かどうかを判断し、無剰余であれば競売を取り消します（民執法63条）。無剰余取消しを食らうならやらないほうがマシですから、最低限、**無剰余取消しにならないだけの剰余価値があるかを確認します。**

　その前提として、まず、物件の評価額を算出します。不動産会社の査定書がよく利用されますが、簡易には固定資産税評価額（おおよそ実勢価額の70％）又は相続税路線価（おおよそ実勢価額の80％）を参考に実勢価額を算出し、買受可能価額はその7掛け程度と考えます。

　次に、登記事項証明書で、（根）抵当権登記、滞納処分による差押登記の有無を確認します。登記がある場合、物件評価額から（根）抵当権の極度額又は残債想定額、あるいは滞納見込み額を差し引いて剰余価値を見積もります。また、あわせて減価要因となる地上権や賃借権（最先抵当権等に対抗できる賃借権等の用益権は、買受人の引受となるので（→15）、評価額から占有減価がなされます）の登記の有無も確認します。もっとも、賃借権は普通登記されないので、登記事項証明書の確認は最低限の調査と考えてください。対象が土地だけの場合または建物だけの場合、上物または底地の登記事項証明書も取って借地権の有無を推認します（底地は借地権割合が減価され、上物はその分が加算される。→38）。

　税金等の公租公課に関しては、申立て後に差押えが入ることも多いです。ですので、滞納処分による差押登記等が入っていなくても、これらの滞納がある場合、あるいは予想される場合は要注意です。特に債務者が法人の場合は、滞納税等の額が多額になることがあります。マンション（区分所有建物）の場合は、管理組合の組合費等の滞納にも注意です。この債権には債務者専有部分に対して先取特権（建物の区分所有等に関する法律7条）があり、優先債権になり得ます。

　優先債権ではないですが、他債権者の存否や動向（法的手続を取っている。取りそう）も要注意です。強制競売や仮差押えと競合すると債権額按分になるので取り分（配当等の額）が減ってしまいます。

53 強制競売の申立てに必要なものは?

Q 強制競売の申立てに必要な書類と費用を教えてください。

A 必要書類については下記1を参照してください。
費用に関しては、手数料（印紙代4000円／1請求債権）、登録免許税（確定請求債権額の0.4%）と予納金（裁判所により異なる）が必要になります。

---

1 必要書類

(1)執行開始要件に関するもの

　執行開始要件（→**12**）として、**執行文と債務名義の送達証明書**が必要になります（民執法25条、29条）。判決でいえば、担当部に申立て等すれば簡単に入手できます。

　債務名義が期限・条件付きである場合、あるいは債務名義成立後（判決でいえば口頭弁論終結後）に当事者に承継があったりした場合、それぞれ条件成就執行文なり承継執行文なりの付与（同法27条1項・2項）を受けた上で、これらの送達証明書も必要になります（同法29条）。なお、この場合仮差押えを検討する必要もあります（→**41**）。

　なお、抵当権に基づく担保不動産競売の申立てを行う場合は、抵当権設定登記に関する登記事項証明書の提出が執行開始要件となりますが（民執法181条1項3号）、競売の場合、必要書類（**(2)**①参照）として不動産登記事項証明書の提出は必須なので、これでカバーできます。

(2)強制競売に関するもの

　正確な必要書類や通数は、管轄執行裁判所のWebサイト等で確認してください。

一般的なものは次のとおりです。

①不動産登記事項証明書（1ヶ月以内のもの）

　1ヶ月以内となっていますが、申立日に近接した日に取ったほうがよいです。依頼者が用意した期間ギリギリのものを使ったらその間に登記の変動があった経験があります。

　土地だけ建物だけでも、土地・建物両方出します。区分所有建物（マンション）の場合、敷地権の対象となる土地の登記事項証明書も出します。

②公課証明書

　固定資産税評価証明書ではなく、**税額も入った証明書**ですのでお間違えなく。普通取れませんが、競売の申立てを行う場合、その申立書と競売委任状の写し等があれば取得できます。

③商業登記事項証明書（1ヶ月以内のもの）

　当事者に法人がいる場合に必要です。不動産登記上の住所と現住所が違っている場合、繋がりを付けるため履歴事項証明書か閉鎖事項証明書を併せて添付します。

④住民票（1ヶ月以内のもの）

　債務者が個人の場合に必要です。不動産登記上の住所と現住所が違っている場合、③と同様に除住民票等で繋がりを付けます。

⑤特別売却に関する意見書

　「入札で落札者がなかった場合、特別売却（→**14**）することに異議なし」という内容の文書です。ネットで拾えます。

⑥委任状

⑦目録類

　当事者目録、請求債権目録、物件目録です。

⑧現況調査に必要な書類

　　a　公図写し（1ヶ月内のもの）・地積測量図

　　b　建物図面・各階平面図（1ヶ月以内のもの）

　　c　物件案内図（住宅地図等）

（⑨⑩は、ケースバイケース）

⑨続行決定申請書

　「物件に滞納処分による差押登記がある場合に、強制競売事件を続行させてください（滞納処分と強制執行等との手続の調整に関する法律8、9

条）」という内容の文書です。ネットで拾えます。

⑩仮差押決定正本の写し

　債権者が申立てした**仮差押えがあって、その本執行移行**をする場合、必要になります。

　なお、本執行移行のやり方は簡単で、申立書の物件目録の対象不動産の末尾に次の記載をするだけです。

　「本件は、東京地方裁判所令和5年（ヨ）第○○○号不動産仮差押命令申立事件の本執行移行である。」

2　費用

　強制競売に係る費用ですが、結構かかります。特に下記**（3）**の予納金が大きいです。

（1）申立手数料（印紙代）

　申立て1請求権当たり4000円の収入印紙が必要です。ここで1請求権とは、債務名義の数、債権者の人数、債務者の人数毎に区切って1件と考えます。債権者、債務者各1名でも、2個の債務名義に基づいて1通の申立書で申立てする場合、2件分の8000円が必要になります。単純な数式にしますと次のとおりです。

　4000円×債務名義の数×債権者数×債務者数

　申立手数料は執行費用（民執法42条）となります。

（2）登録免許税

　差押登記のための登録免許税（登免税）です。計算方法は、次のとおりです。損害金等の付帯請求（～から支払済みまで年○％の割合等）について、確定していなければカウントしません。

　確定請求債権額　　　×　　　4/1000　＝　　　登免税額
　（1000円未満切り捨て）　　　　　　　　　（100円未満切り捨て）

　確定請求債権の額が大きくなると登録免許税も馬鹿にできない金額になります。1億円であれば、物件価額が100万円でも登免税は40万円にもなります。こういう場合、債権の競合の可能性を考えつつ、**一部請求**

することが多いです。登免税は執行費用（同法42条）となります。

(3) 予納金

　強制競売に限らず強制執行を行う場合、申立人は、**執行手続に必要な費用を予納し**、不足があればこれを追納する必要があります（同法14条）。これを予納金といいます。

　執行手続に必要な費用とは、現況調査や売却を実施する執行官の料金や不動産評価（鑑定）に要する料金です。したがって比較的高額になります。

　一般的には、基本を40～60万円とし、物件の個数が増加する毎に一定額（10万円等）を加算していく裁判所が多いと思いますが、都市部の裁判所は比較的高額です。東京地裁と大阪地裁の予納金の額を参考までに示しておきます。

東京地裁と大阪地裁の予納金の額

東京地裁

請求債権額	予納金
2000万円未満	80万円
2000円～5000万円未満	100万円
5000万円以上1億円未満	150万円
1億円以上	200万円

大阪地裁

申立ての内容	予納金
原則	90万円
現況調査場所1箇所当たりの追加費用	90万円
固定資産税評価額1億円を超える場合	要相談

　強制競売事件が終了したとき、予納金の残金は返金されます。使用された予納金は、原則として執行費用となります（同法42条）。

　執行費用のうち共益費用（手続費用）は、最優先で配当等されますが（同法63条の解釈論）、売却代金が差押請求債権額以下の場合、請求債権に対する配当等の額は手続費用の分減ることになるので、正味の実回収額もその分減ることになります。

54 強制競売を申し立てた時、債務者は何をしてくる?

Q 強制競売の申立てと、開始決定後に予想される債務者の動きと対応について教えてください。

A 細かい話は解説のとおりですが、開始決定が債務者に送達されると任意売却（→ 13）の話が出てくるかもしれませんで、受ける受けないを判断します。

1 申立て

53 で説明した資料等を添付して強制競売の申立てをします。申立書の書式等は、裁判所Webページか書式集を参考すればよいです。

管轄裁判所ですが、強制競売の場合、物件所在地の地方裁判所のみとなり（民執法44条）、訴訟した裁判所と管轄が違ってくる場合があるので注意してください（→ 25）。

また、地裁支部の管轄の場合、基本的に支部が執行裁判所となりますが、本庁でしか執行事件を扱わない（山梨県）、あるいは一部支部では扱わない（山口県）というような例もありますので、支部管轄の場合は、受け付けているか、事前に裁判所に確認したほうがよいです。

2 開始決定後の債務者の反応

申立てをして、つつがなく進めば1～2週間程度で開始決定が発令されます（民執法45条）。その後、嘱託で差押登記を了して（同法48条）、開始決定を債務者に送達します。

債務者への送達は義務ですので（同法45条2項）、できなかった場合は、別途、送達方法（休日送達、就業場所送達、法人であれば代表者宛送達）を考え、場合によっては（付郵便送達、公示送達）現地調査する必要が

あります。

　開始決定が債務者に送達されると、債務者は差押えを食らったことがわかり、青ざめるか怒りで赤くなります。

　怒り頂点に達し、債権者代理人に暴行・脅迫して取下を強要してくるような場合、**強制執行行為妨害等罪**が成立しますので（刑法96条の3第2項）、そのことを告げて落ち着かせるか、刑事告訴します。

　なお、当職の経験に過ぎませんが、開始決定を食らって怒鳴り込んできたというケースはありませんでした。ほぼノーリアクションです。

　冷静になった債務者としては、「どうせ取られるのであれば、第三者に買ってもらったほうがよい、その方が高く売れるから」などと考えて、**任意売却**の話を債権者に持ちかけてくることがあります。「売却代金で弁済するのでそれと引換えに競売を取り下げてくれ」という話です。債権者にしてみれば、落札額が分からない中、確実に一定額を回収できるという点と配当等より早く回収できるという点にメリットがあります。

　「任売で全額回収できる、あるいは落札者はいないだろう」と考えている物件であれば、売却先が反社会的勢力等でもない限り応諾してよいかと思います。悩ましいのは、物件価額からは全額弁済は見込めないという場合です。例えば請求債権額1000万円に対して、「落札額は700万円程度かな～もっといくかな～意外とダメかな～」という場合です（単純化のため、債権競合はないとします）。800万円で任売するという話だと心揺れますね。

　結局のところは、強気で行くか弱気で行くかの割り切りです。ただ、これを書いている本日、偶然にも開札期日がありまして、売れないだろうと思っていた物件が売却基準価額の約1.5倍で落札されました。**競売市場を見てますと、結構よい値段で落札されてます**。現時点での売却基準価額に対する落札額の割合（乖離率）は、140～170%程度とのことです。当職の経験では、3倍、6倍という物件もありました。

　あくまで参考ですが、バブル崩壊期によくいわれていた「競売は安くなる」は必ずしも正しいとはいえません。

55 開始決定が発令された後の債権者代理人の動きは?

Q 差押債権者代理人として、開始決定が発令されたら、あとは配当まで待っていればよいですか?

A 基本的にその考え方でよいのですが、3点セット（→ 15）のチェックくらいはしたほうがよいと思います。

---

1 開始決定後の流れ

　開始決定が発令されると、執行裁判所は売却準備手続を行います。売却条件が確定すると売却手続に入り、以後、配当手続へと進みます。

　売却準備手続を図示すると図1のとおりです。

図1 売却準備手続

売却準備手続

債権関係調査手続
・配当要求終期決定
・債権届出の催告
・配当要求、交付要求、債権届出

権利関係調査手続
・現況調査（a）
・不動産の評価（b）

売却条件確定手続
・剰余判断
・物件明細書作成（c）　＊abc が3点セット
・売却基準価額決定

2 債権関係調査手続

(1)配当要求終期決定・債権届出の催告

差押登記を完了すると、配当要求の終期（→**17**）を定めて公告し差押登記前に登記された仮差押債権者、抵当権者等と公租公課所管官庁に債権の届出を催告します（民執法49条）。配当要求の終期は、大体1ヶ月前後と短いですが、そこから**3ヶ月以内に売却許可決定がなされないと3ヶ月毎に自動更新**されますので、実際にはもっと長期間です。

(2)債権届出等

登記された抵当権者や仮差押債権者は、催告に従い債権届出をします。これは剰余判断等のためのものですので、届出しなくとも配当等はもらえますが（同法87条1項3号、4号）、故意過失で届出しないと損害賠償を食らうおそれがあります。

税務署等は、滞納している税金等があれば、債権届の代わりに交付要求を行います（国税徴収法82条）。これは**ステルス性が高い優先債権**ですので、差押債権者（一般債権者）泣かせです。

有名義債権者、差押登記後の仮差押債権者（→**58**）が配当要求（→**17**）してくることもあります。これも有名義債権者はともかく、予測が難しい債権者です。先に説明したとおり、債権届出等によって、剰余判断の前提となる債権者間の優劣関係が判明します。図2に即していえば、4番の差押債権者は、1～3番の優先債権者に劣後し、5番とは債権按分になります。

図2 債権者間の優劣関係

番号	債 権 種 別	配 当 資 格	債 権 額
1	税金	交付要求	100
2	1番抵当権	担保権者	800
3	2番抵当権	担保権者	100
4	一般債権者	差押債権者	1500
5	一般債権者	仮差押債権者	500

3 権利関係調査・売却条件確定手続

(1)権利関係調査

現況調査と不動産評価です（→**15**）。

(2)売却条件確定

①物件明細書

債権関係調査手続、権利関係調査手続が終わると、現調報告書、評価書等を元に、売却によって消滅する権利、買受人の引受となる権利を判断し（→**15**、民執法59条）、裁判所書記官が物件明細書を作成します（民執法62条）。これで3点セットが揃いました。

②売却基準価額の決定

評価書を元に、執行裁判所が売却基準価額を決定します（同法60条）。その80％が買受可能額で（同条3項）、入札の最低価格になります。

これで剰余判断ができます。

③剰余判断

買受可能額が執行費用（手続費用）見込額と優先債権の見込額の合計に満たない場合は、無剰余となりますので、原則として競売は取り消されることとなります（民執法63条。例外は後記**4（2）**参照）。図2に即していえば、手続費用を0として、優先債権（番号1～3）の合計額1000を買受可能額が超えなければ無剰余となります。

4 債権者代理人がなすべきこと

(1)3点セットのチェック

3点セットは、入札期日の2週間前までにBITに公開されます（→**15**）ので、それでチェックしてもよいのですが、マスキング部分がありますし、何より入札まで2週間しかなく、何かあった場合、動きが取れなくなるおそれがありますので、早目に閲覧・謄写してチェックします。これについて、少なくとも東京地裁では、物件明細書ができるまで閲覧謄写に応じてくれません。3点揃った頃合いで一括して謄写請求します。

3点セットで何を確認するかというと、現調報告書では、競売前は存

在しなかった占有者の存否等、いわゆる執行妨害や、そこまで行かなくても**売減価要因となりうる状況**の確認です。

評価書では、これらによる評価への影響程度の確認と純粋に鑑定評価に誤りがないかを確認します。

物件明細書では、事実誤認あるいは法的判断の誤りで、本来消除となる権利が買受人の引受となっていないか等です。

占有者については、現在の実務では買受人の引受とならない場合（最先抵当権 or 差押えに劣後する賃借人等）、**占有減価せず評価に影響しないので**そこまで神経質になる必要はないですが、売却の阻害要因となっているような場合、売却のための保全処分（民執法55条）を検討し、執行妨害の排除を行います。

鑑定評価に誤りがある場合（前提事実の誤認や鑑定手法の誤り等）、評価書そのものは執行異議（同法11条）の対象とならないので、売却基準価額の決定に対する執行異議を検討します。

同様に物件明細書の記載が誤っている場合も（バックデーとされた賃貸借契約書等により、本来消除となるべき賃借権を買受人の引受としているような場合）、異議（同法63条3項、執行異議ではない）を検討します。

（2）無剰余取消通知対策

無剰余通知（同法63条1項）を受けた場合でも、剰余があることの証明等（同条2項）で取り消しを回避でき、あるいは手続費用を放棄すれば剰余が出る場合、放棄によって手続続行することもありますので、これらを検討し対応します。

（3）追加での配当要求

強制競売で一部請求で差したところ（→53）、配当要求等がなされ債権が競合した場合、取り負け（債権按分になるので債権額が多いほどよい）を防ぐために残部について二重開始決定（民執法47条）を得るか、有名義債権者として配当要求を行います。通常は、登免税・予納金等節約の観点から配当要求をすることになるかと思います。

56 期間入札に入った後の 代理人の動きは?

Q 差押債権者代理人です。期間入札に入った後、代理人として することがありますか?

A 主なところは、次のとおりです。
①開札期日までの任意売却(任売)対応
②開札期日に、落札されたかのチェック
③配当等期日呼出状が届いたら債権計算書と配当金等受け取り方法の提出
④配当表原案または配当等見込額の照会とチェック
⑤必要に応じて配当異議と配当異議訴訟

---

1 開札期日まで

売却条件が確定し(→**55**)、売却実施(期間入札による→**14**)が決定すると、期間入札開始日の約1〜2ヶ月前に、債権者に**売却実施が通知**されます(民執規37条)。通知書には、入札期間、開札日、売却決定期日と売却基準価額等が記載されてますので、これで今後のスケジュールを確認できます。

期間入札開始日の2週間前までにBITでも上記内容と3点セット(→**15**)が公開されます。

売却実施通知は債務者にもなされますので、この時点でお尻に火が付いた債務者から任売の話(→**54**)が出ることも多いです。ただ、**債権者の一存で競売取下ができるのは、開札期日の前日までなので**(民執法76条)、任売に応じるとしても急いで処理する必要があります。この場合、売却実施の延期を認める運用もあり、延期申請で先延ばしすることができる場合もありますが、条件が厳しいです(売買契約書の提示、申請期限、回数は1回に限る等)。

2 開札期日

開札期日を迎えたら、**BITで落札者（正確には最高価買受申出人）の有無とその金額を確認します**。落札されていためでたしで、配当等手続が始まるのを待ちます。

あくまで当職の今までの経験ですが、かなりの確率で落札されます。田園地域にある老朽化した倉庫とその敷地とか、「普通買う人いないよね」という物件でも、買受可能額以上での落札者がいるので驚きです。

落札されなかった場合、早い者勝ちの特別売却期間（特売→ **14**）に入ります。代理人としては、もし買ってくれそうな人のアテがあれば、「特売で買えるよ」と教えてあげるなど換価を促すことが考えられます。

特売でも落ちなかった場合、売却基準価額を下げて2回目の期間入札・特売、それでもダメなら同様にして3回目の期間入札・特売となります。落札者が現れないということは、何か売却阻害要因があると考えられ、それが売却のための保全処分（民執法55条）等によってクリア可能なら、その申立て等を検討します。

3回目でもダメな場合、いわゆる三振アウトで、原則として競売は取り消されます。正確には、三振アウトの通知を受けてから3ヶ月以内に買受人を見つけて、売却実施を申し出れば取り消しは免れますので、代理人として、買受人の探索等を検討することになりまが、実際には難しいと思います。

3 配当等の呼出と債権計算書の提出

（1）配当等呼出状

開札期日後、落札者が買受人にふさわしいか（民執法71条各号の事由が存在しないか）を審理し、不許可事由がなければ、売却許可決定がなされます。同決定が確定すると、その時から**1ヶ月以内の日を代金納付期限**として定めて、落札者に通知します（同法78条、民執規56条）。

代金納付期限に代金納付（落札額の20％は保証金で積んであるので、残金の80％）がなされると、物件の所有権は落札者に移転し（民執法79条）、買受人に対抗できない権利は消滅し（同法59条）、設定登記がなされて

いれば抹消されます（同法82条）。

　この時に代金納付ができないと、20％の保証金は没収され、配当財源に充てられます（同法86条1項3号）。つまり、2回目の入札での代金＋1回目の保証金20％が配当原資になるので1粒で2度おいしいです。

　代金納付がなされると、配当期日 or 弁済金交付日（→ **16**）が決定されます。**配当の場合は呼出状（及び計算書提出の催告書）が債権者に送達**され（同法85条3項、7項）、弁済金交付の場合は、その通知書（及び計算書提出の催告書）が差押債権者に送付されます。

　理屈上、売却許可決定日から1ヶ月半後には配当等呼出状が送達等されなければおかしいわけですが、これを過ぎても届かない場合、代金納付がなされなかった可能性があるので、執行裁判所に確認します。

　なお、配当等呼出状には「期日に出頭してください」との記載がありますが、当日現金（日銀小切手になります）でもらいたい場合、あるいは配当異議を述べる必要がある場合を除いて、**実際に出頭する必要はありません**（もちろん出頭してもよいです）。

(2) 債権計算書の提出等

　配当呼出状等と併せて債権計算書の提出の催告がなされ、債権計算書の用紙が同封されていますので、これを利用して配当等期日における債権額を記入した債権計算書を作成します。また、裁判所によりけりですが、支払請求書も同封されている場合があります。振込払いを希望する場合はこれに記入し、債権計算書と一緒に執行裁判所に送付します。

　東京地裁の場合、支払請求書に請求金額を記入する必要がありますので、まず配当見込額の照会を行い（債権届提出と同時でOK）、見込額が分かったら、インフォメーション21等の裁判所Webサイトで支払請求書を入手し、請求額等所定の事項を記入して東京地裁（執行センター）に提出します。

(3) 請求債権の拡張

　債権計算書で請求債権の拡張ができるか？　という論点があります。一部請求で実行したところ想定外に物件が高く売れて、取り損ねが出るような場合に問題となります。結論として、拡張は認められないのが原

則です（例外的事例として、最決平成15年7月3日判時1835号72頁）。

　このような羽目に陥らないようにするため、手続をチェックし、適切に配当要求等（→ 55 、58 ）を行う必要があります。配当要求の終期が経過してしまい債務者に剰余金（→ 16 ）が支払われるようであれば、これを仮差押え（担保権者等の無名義債権者）or差押え（有名義債権者）します。

4　配当表原案または配当等見込額の照会とチェック

　配当等期日の数日〜1週間程度前になると、執行裁判所は、**配当表原案の閲覧や配当見込額の照会**に応じてくれます。方法や開示範囲は裁判所によって異なると思いますが、自己に対する配当額等を確認します。ここで、事前に想定した配当額（弁済金交付では問題が生じないと思います）と大きく乖離がある場合、配当表に何らかの問題があると考えられますので、事前に配当表原案を閲覧できるならそこで確認し、できない場合は配当期日に出頭して配当表原案を確認するようにします。

　配当表原案が誤っていると判断できた場合は、配当期日に出頭して配当異議を出します（民執法89条1項）。条文上要求されていませんが、意思を明確にするため書面で提出するようにします。

　この後が忙しいのですが、1週間以内に配当異議の訴えを提起し、その訴状受理証明書を執行裁判所に提出しなければなりません（同法90条6項）。後は、粛々と配当異議訴訟を遂行します。

　配当異議がなければ、配当等期日で配当表が作成され（原案が確定して）、振込払いを希望していれば数日後に配当等金が送金されます。

　最後に、債務名義の還付請求と配当表の写しの交付申請をします。

57 債務者が単独相続した自宅の競売手順は?

Q 債務者Yの自宅を調べたら、債務者父親Aの名義で、しかも父親Aは既に亡くなり、債務者Yが単独相続していることが判明しました。この自宅に競売を検討しているのですが、どういう手順が必要ですか?

A 基本的な考え方は仮差押え(→ **43**)と同様ですが、微妙に異なる部分があります。また「競売」とあるので、強制競売と担保不動産競売(→ **43**)の両ケースが考えられますが、両者の間で、やはり手順が微妙に異なります。

①強制競売(ヌ号事件)の場合

　相続代位登記→強制競売申立て→開始決定・差押登記

②担保不動産競売(ケ号事件)の場合

　担保不動産競売申立て→競売申立書受理証明書の交付を受ける→
　相続代位登記→開始決定・差押登記

1　相続登記未了物件に対する競売

　この場合の問題は、**43** と同様に登記記録上の名義人(A)と差押登記の登記義務者(Y)が一致していないことから差押登記ができないことにあるので(不登法25条7号)、登記面と実態を一致させればよいわけです。

　そこで、債権者代位権により、相続人に代位して債権者が相続登記を行うことで登記面を完備させます。

　ただし、**競売の方法により登記のやり方(手順)が異なってきます。**

2 強制競売（ヌ号事件）の場合

　端的に、まず債権者代位権（民法423条）に基づいて相続代位登記の申請をします。教科書にある債権者代位権の転用例というやつです。令和2年の民法改正で423条の7が新設されたことから、「競売の場合に使えるのかな？」と疑問もありましたが、当職の経験では、令和2年4月1日以降も相続代位登記してからの強制競売も問題なく認められているので多分大丈夫です。

　この場合、代位原因が「○年○月○日金銭消費貸借契約の強制執行」となるため、つまり、強制執行の準備行為として債権の保全の必要性が認められていると解し、当職は執行文付の判決を使っています。**理屈の上では、債務名義でなくとも金銭消費貸借契約等でも大丈夫そうですが、やったことがないのでなんともいえません。**

3 担保不動産競売（ケ号事件）の場合

　この場合、ストレートに債権者代位権は使えません。なぜなら被保全債権が担保権（抵当権）で保全されているため、理屈の上では、債権の保全の必要性が認められず（抵当権の追求効）、法務局が代位登記を認めないからです。

　しかし、それだと相続人が相続登記してくれない限り競売できなくなってしまい困るので、運用で（法務省昭63年3月10日民三第124号民事局長回答）、**競売申立書受理証明書を代位原因証明情報とする形で相続代位登記を認めているものです**（裁判所的には、この場合、競売申立書受理証明書を交付する運用になっています）。

　より正確に手順を示すと、戸籍等の相続を証する書面・競売申立書受理証明申請書・相続代位登記をした登記事項証明書を提出する旨の上申書を添付して担保不動産競売申立て→競売申立書受理証明書の交付を受ける→これを代位原因証明情報として相続代位登記→相続代位登記がなされた登記事項証明書提出→開始決定・差押登記、という流れです。

58 債務者の不動産がすでに差押登記されていたら?

Q 貸金返還請求訴訟を検討しています。債務者の資産を調べてみたら、債務者名義の不動産を見つけたのですが、既に他の債権者によって強制競売による差押登記がなされてました。差押登記の日付をみるとまだそれほど時間は経っていません。どうすればよいでしょうか?

A 配当要求の終期（→**17**）に間に合うという前提で、まずこの不動産に仮差押えを行い（保全の必要性があることは当然必要です）、差押登記後の仮差押債権者の立場で強制競売事件に対し、配当要求をします。

1　配当要求債権者（差押登記後の仮差押債権者）

　本問では、貸金返還請求訴訟の判決を取って二重開始決定を得るなり（民執法47条）、債務名義を有する債権者として配当要求する（同法51条）という方法も考えられますが、おそらくその間に**競売事件が終わるか配当要求の終期が到来します。**

　ただ、競売の場合、差押登記後であっても仮差押えの登記をすれば、配当要求することが可能となります（同法51条）。ですので、回答のとおり、まず仮差押えして配当要求という手段が考えられます。

　なお、本問のような問題状況は、担保不動産競売でも生じます。例えば、被担保債権は2億円あるが、極度額1億円の根抵当権で競売したところ（競売事件の請求債権額は極度額の1億円が上限となります）、売却基準価額が1億5000万円で5000万円の剰余価値が出るような場合です。この場合、極度額いっぱいで申立てしてますので二重開始決定を得ることはできず、担保権者なので普通は債務名義も取得していないため、このままでは配当要求できません。そこで、5000万円部分を仮差押えし、配

当要求するという次第です。

2　配当要求の手続

　まず、配当要求終期が既に到来していれば意味がないので、これを確認します。差押登記の受付番号をベースにして、執行裁判所に確認するのが正攻法ですが、簡単な方法として、差押登記の開始決定日を確認し、そこから4ヶ月以内（当初1ヶ月＋自動更新3ヶ月）であればまずセーフと考えられます。これを経過していても、売却許可決定がなければ3ヶ月毎に自動更新するので（→**17**）、競売スケジュールと相談します。

　配当要求の終期までに仮差押登記＋配当要求が可能と判断できれば、仮差押えします。この場合、通常事件どおりの保全の必要性（→**36**）があることが前提になり、「配当要求する必要がある」というだけでは、単なる動機なので保全の必要性を認めない、というのが東京地裁の運用ですが、配当要求の必要を正当な仮差押えの必要性であるとする見解もあります（瀬木比呂志編『注釈民事保全法（上）』（民事法情報センター、1999年）275頁）。

　仮差押登記を了したら、その登記事項証明書を添付して、執行裁判所に対し配当要求書を提出します。印紙500円と若干の郵券が必要になります。

　これで、配当要求の手続自体は終了です。後は、強制競売事件の売却許可決定日を注視し、配当要求の終期内に配当要求ができていたかどうかをチェックします。

　配当要求の終期までに配当要求ができていたら、強制競売事件の配当手続において、配当等の呼出と債権計算書の提出の催告がなされますので（→**56**）、所要の手続を行います。

　この際、既に貸金返還請求訴訟の判決が確定してれば、**確定判決書（執行文付き）等を併せて提出すれば、配当等期日に配当等をもらえます。**判決が間に合わない場合、配当等の額は供託されますので（民執法91条1項2号）、確定判決等を取得した上で現実の配当等をもらうこととなります（同法91条1項）。

59 預金差押えってどうやるの?

Q 預金差押えの流れとやり方を教えてください。

A 包括的な債権執行の手続の大まかな流れは **28** のとおりですが、債権（預金）差押命令申立事件の流れは、

実行の可否の検討→申立て準備→申立て→取立て or 配当等の受領となります。

やり方は下記を参照してください。

1 実行の可否の検討

預金差押えを検討しているということは、債務者の預金が判明している状況（**支店まで特定できている。→39**）であるか、第三者からの情報取得手続（**→66**）で預金が判明した場合（この場合は支店まで分かります）だと思います。

預金の場合、見つければ即、差すという行動パターンでよいと思います。一方、債務者が当該預金口座の銀行等から借入している場合、つまり反対債権があるとき、差しても相殺で全部消えてしまう場合があるので（民法511条1項）、止めたほうがよいともいえますが、逆に、（人が悪いですが）それを見越して心理的プレッシャーを与えて任意返済させることを目的として差すことも考えられます。

2 申立て準備

債権差押命令を申し立てるにあたって、色々と取りそろえる書類や一定額のお金（費用）が必要です。

（1）必要書類

必要書類として執行力ある債務名義とその送達証明書は当然として（→ 53 ）、その他、一般的なものは、以下のとおりです。少なくて楽です。

①商業登記事項証明書（1ヶ月以内のもの）

当事者に法人がいる場合に必要です。預金差押えの場合、第三債務者は銀行等の金融機関ですので必ず必要になります。この場合、対象支店の登記がなされている登記事項証明書の提出を求められることもあります。そうするとメガバンクとかですと、全部事項証明書が凄い量になるので代表者事項証明書と一部事項（支店・従たる事務所区）証明書の組み合わせも考えられます。

②委任状

③目録類

（以下④・⑤は、ケースバイケース）

④住民票

債務者の債務名義上の住所と現住所が異なる場合、繋がりを付けるため必要になります。

⑤仮差押決定正本の写し

債権者が申立てした**仮差押えがあって、その本執行移行**をする場合、必要になります。本執行移行のやり方は、差押債権目録に下記記載をするだけです。

「本件は、東京地方裁判所令和5年（ヨ）第○○○号債権仮差押命令申立事件の本執行移行である。」

（2）費用

以下のとおりですが、**強制競売に比してものすごくリーズナブル**です（約1万円程度）。回収可能性や債権額によりますが、基本的に債権差押えを優先して考えてよいかと思います。当職は、回収系の事件を受任するにあたって、まず最初に「相手方の預金口座とか、何か手がかり知ってますか？」と依頼者に尋ねるようにしています。

①申立手数料（印紙代）

申立て1請求権当たり4000円の収入印紙が必要です。件数の考え方は強制競売と同じです（→ 53 ）。

②予納郵券（東京地裁）

　・基本額　　　　　　　　　　　　　　　　　　：3495円（陳述催告あり）
　・第三債務者1名（送達先1場所）増える毎に：1942円（陳述催告あり）
　従って、2銀行、うち1行については2支店＝3送達先の場合は、
3495円＋1942円×2＝7379円　となります。

（3）管轄

　管轄裁判所ですが、債権差押えの場合、債務者住所地等、これがない
ときは第三債務者の住所地等になります（民執法144条）。

3　申立て

　上記で説明した資料等を添付して債権差押命令の申立てをします。申
立書の書式等は、裁判所Webページか書式集を参考すればよいです。
ただ、申立書作成にあたり、4点注意すべき点があります。

　1点目は、強制競売では損害金について確定させる必要はありません
が（～から支払済みまで年○％）、債権差押えの場合、第三債務者の予測
可能性を確保するため、**損害金の終期を申立日**までとし、確定損害金と
する必要があります。

　2点目は、**陳述催告**（→**18**）の申立てを忘れないということです。最
近の申立書は、陳述催告の申立書と一体になっているのでこれを使う限
り問題ないと思いますが、忘れると差さっているのか分からなくなりま
す。債権差押命令が発令された後ではもうできません（民執法147条1項）。

　3点目は、**割り付け**です。**39**を参照してください。

　4点目は、併せて**転付命令**（→**19**）の申立てをするかどうかの検討で
す。もちろん同時ではなく、後で申立てすることも可能ですが、差押競
合が生じてしまうとできません。

　その他、管轄がらみの注意点は、**54**を参照してください。

4　債権差押命令の発令

申立て後、約１～２週間で債権差押命令が発令されます（民執法145条）。発令されると、まず**第三債務者に差押命令が送達され、差押えの効力が発生します**（同条５項）。

そうすると、送達日から２週間の間に陳述書が債権者に送られてきて、差さったかどうか、差さった金額と第三債務者の支払意思、差押競合の有無等が分かります。

第三債務者への送達確認後、あるいは発送の数日後に、債務者に対する差押命令の送達を行います。送達不奏功の場合の債権者の対応については54を参照してください。

第三債務者及び債務者への送達が完了すると、債権者に各送達日が記載された**送達通知書**が送付されます（民執規134条）。

これで発令手続は終わり、次は換価手続に移行しますが、第三債務者が供託したかどうかで回収方法のルートが分岐します（→28）。

5　第三債務者が執行供託しなかった場合

差押えが競合しない場合、第三債務者は権利供託できますが（民執法156条１項）、以下は差押えの競合もなく、権利供託もなされなかった場合です。

(1)直接取立

この場合、債務者に差押命令が送達されてから１週間が経過すれば（給料債権等の場合は４週間）、取立権が発生しますので（同法155条）、債権者としては、銀行等に対し、差さっている範囲の預金について支払いを請求します。

請求書の書式は何でもよいですが、取立権が発生していることを証明するため、当職は、**差押命令と送達通知書のコピーを請求書に添付**して郵送しています。

預金差押え（第三債務者が金融機関）の場合、反対債権で相殺されない限り、支払いに応じてもらえます。ただ、所定の書式を出せとか、印

鑑証明書を出せとか、各行によって色々手続があるようなので、無体な要求ではない限り応じて支払ってもらってます。

　取立権行使にあたって2つ注意点があります。

　1点目は、この場合は取立債権になるので、こちらが出向いて現金を取るのが原則型になります。従って、振込送金の場合、送金手数料は債権者負担となります。

　2点目です。定期預金は、原則的には途中解約できませんので（現実に解約できるのは銀行等の便宜扱い）、満期まで取立てできません（東京地判平成20年6月27日金法1861号59頁）。この場合は、差押競合を防ぐため、転付命令を得ておいたほうがよい場合もあります。

（2）転付命令

　転付命令（同法159条）とは、ざっくりいえば券面額で強制的に代物弁済を受ける手続です。ですので先の定期預金の例でいえば、転付命令を得れば、それは自分の債権（定期預金）となり、債務者の責任財産から外れますので**差押競合を防ぐ**ことができます。

　デメリットは、これによって債務者に対する債権が券面額の範囲で消滅してしまうことです（同法160条）。

　ここで、券面額とは、被差押債権であって、給付すべき確定金額をいいます。例としては「売掛金500万円」等です。債権が存在していなければ券面額は0円です。この券面額で原債権は消滅してしまいますから、転付命令を受けて、この500万円が自分のものになっても、売掛先が破綻してしまえばそこからの回収はできず、原債権も消滅して請求できないという恐ろしいことになってしまいます。

　つまり、**第三債務者の破綻リスク等を引き受ける**ことになるので、安易に転付命令は取らないほうがよいです。推奨できるのは、破綻リスクが少ない公債権、金融債権等で、差押競合が見込まれる場合です。

　ただし、これらの場合でも、相殺等により結果的に券面額が0円となった場合は、この事実を証明しないと再執行ができません。この証明は必ずしも容易ではないことに留意が必要です。

6 第三債務者が執行供託した場合

差押えが競合して義務供託されたか、競合してなくても権利供託された場合です（民執法156条1項、2項）。

ここで、差押えが競合するとは、単にたくさん差されたことではなく、先発の差押えで差されていない部分を超えて次発以降の差押えを食らった場合、要は、**第三債務者が債務者に負担する債務全額をもってしては、全ての差押債権を払うことができない場合**をいいます。なお、仮差押えは換価手続まで進みませんので、先発の仮差押えの後に次発の仮差押えを食らっても「差押えの競合」とはいえず、第三債務者は義務供託する必要はありません（民保法50条5項による民執法156条2項の準用なし）。もちろん権利供託はできます。

執行供託した場合、第三債務者は執行裁判所に事情届を提出する必要があります（同条4項）。事情届の提出により、執行裁判所は執行供託がされたことを覚知し、配当手続に入ります（同法166条1項1号）。また、執行供託がされると配当加入遮断効が生じ（同法165条1号）、配当要求の終期となります（→**17**）。

普通は、供託したら事情届を出してくれるのですが、第三債務者は「供託した」と言うのに一向に配当が始まらないので執行裁判所に問い合わせてみたら事情届が出ていなかったというケースがありました。第三債務者が「供託した。供託する」という場合、「事情届も出してください」と念押ししたほうがよいでしょう。

地方裁判所が扱う債権差押命令の事件符号は（ル）ですが、配当事件が立件されると事件符号は（リ）になります。

配当事件の手続は、強制競売の配当の規定が準用されますので、強制競売と同様に（→**56**）、配当等期日の呼出、債権計算書の提出、配当表原案等のチェック、配当等期日という流れになります。

配当金等のもらい方は、強制競売とは違ってきます。裁判所書記官が供託所に配当等を受ける債権者に対して支払いをするよう支払委託し、その証明書を債権者に交付します。債権者は、払渡請求書にこの証明書を添えて供託金の払渡請求を行いお金をもらいます（→**44**）。

60 給料等債権の差押えの注意点は?

Q 給料等債権の差押えについて注意点を教えてください。

A ①差押禁止債権ですので、全額の差押えは認められません。
②請求債権が養育費・婚費等の場合、差押禁止の範囲が縮小
され、期限未到来の請求部分についても差押えできます。
③取立権の発生は、債務者に差押命令が送達後、4週間の経過が必
要です。

1 差押禁止債権

(1)給料等の差押禁止

　給料、賞与及び退職手当等は、債務者の生計維持の観点から、差押禁
止債権になります（民執法152条1項2号、2項）。

　といっても全額がダメなわけではなく、請求債権が一般債権の場合は、
表1記載のとおり（月給制を前提）、**原則的に4分の3の部分は、差押え
が禁止されます**。4分の3の部分が政令で定める額である33万円／月（民
執令2条）を超える場合は、33万円／月までとなります。逆にいうと4
分の3が33万円を超える月額給料の場合（44万円／月）は、33万円を控
除した残額全部が差押え対象となります。対象となる給料等は、通勤手
当を除いた上で、所得税、住民税及び社会保険料を控除したいわゆる**手
取額**になります。

　なお、役員報酬や退職慰労金は、給料等の性質を有する債権ではない
ので、純粋な役員報酬部分については、全額差押え可能です。

(2)扶養義務等に係る定期債権の場合の特例

　主に、養育費・婚費ですが、これらが請求債権の場合、債務者（義務者）

の給料等にはこれら債権も含まれていると考えられることから、表2記載のとおり、差押禁止の範囲が**原則的に2分の1**に縮小されています（民執法151条の2）。

　また、通常、期限未到来の債権では執行できませんが（同法30条1項）、これらの債権は、少額である上、債権者の生計の維持も考慮する必要があり、ちまちま差押えすることは債権者（権利者）の負担になりますから、養育費等の支払いに一部不履行（先月分の入金がない等）があれば、期限未到来の部分（来月分以降の養育費等）についても差し押さえることが可能です（**予備差押え**）。

　ただし、何でも差せるわけではなく、期限が来た養育費等の後に支給される給料等の継続的給付債権に限られます（同法151条の2第2項）。

表1　請求債権が一般債権の場合

対　象　資　産	対　象　金　額	差押禁止の範囲
給料・賞与・退職年金等	44万円／月まで	手取り月額の3／4
	44万円／月を超える	手取り月額のうち33万円
退職金（一時金）	全額	手取額の3／4

表2　請求債権が扶養義務等に係る定期債権の場合

対　象　資　産	対　象　金　額	差押禁止の範囲
給料・賞与・退職年金等	66万円／月まで	手取り月額の1／2
	66万円／月を超える	手取り月額のうち33万円
退職金（一時金）	全額	手取額の1／2

　上記のとおり、予備差押えは、何でも差せるわけではないので、相手方が不動産とかを持っている場合、将来の養育費の不払いに備えて、これを仮差押えしておきたい誘惑に駆られます。ですが、これは、権利保護の必要性（→ 36 ）がないとして、最高裁決定でダメ出しされてます（最高決平成29年1月31日判タ1436号96頁）。

(3) その他の差押禁止債権

差押禁止債権としては、民事執行法に定められているものの他、**特別法で結構幅広く規定**されていますので、要注意です。特別法で規定される差押禁止債権として代表的なものは、次のとおりです。

老齢基礎年金、障害基礎年金等（国民年金法24条）、老齢厚生年金、障害厚生年金等（厚生年金保険法41条）、DC等の企業型確定拠出年金（確定拠出年金法32条）、DB等の確定給付企業年金（確定給付企業年金法34条）、その他、健康保険給付（健康保険法61条）、雇用保険給付（雇用保険法11条）、労災給付（労働者災害補償保険法12条の5第2項）、生活保護給付（生活保護法58条）等、思いつくままに挙げましたが、社会福祉関係の給付は、すべからく差押禁止と考えておいたほうがよさそうです。

(4) 差押禁止債権の転化と差押えの可否

差押禁止債権が預金に形を変えた場合、この預金の差押えができるかどうか、すなわち、年金等が受給者の受取口座に送金された場合に、**この受取口座の差押え**が認められるかという問題があります。

確立した最高裁判例はありませんが、下級審の裁判例にみる運用としては、次のとおりです。

まず、預金に転化したことで預金全額の差押えを認めます。その上で、債務者の生活保護という差押禁止債権の趣旨からして、差押禁止債権の範囲の変更（民執法153条）によって、妥当な解決を図ることとしています（東京高決平成4年2月5日判タ788号270頁）。

具体例として、預金の原資を差押禁止債権と認定した上で、債務者が生活保護受給者であり、収入に比して過大な支出や他の財産もないことから、差押命令全部を取り消したもの（東京地決令和2年9月3日金法2163号67頁）、原資が年金給付であることが認められれば、生計を維持する財産や手段があることなどその取消しを不当とする特段の事情のない限り、当該預金債権に対する差押命令は取り消されるべきであるとした上で、直近に預金から100万円の払い出しなどが認められること等から特段の事情ありとして差押命令の取消しを認めなかったもの（東高決平成22年6月29日判タ1340号276頁）などがあります。

2　養育費等を請求債権とする差押えのやり方

　基本的には通常の債権差押命令申立事件（→ 59 ）と変わりませんが、特例（民執法151条の2第1項各号）が適用される請求債権であることが債務名義の記載から明らかでなければなりません。これは、執行以前の債務名義取得時の問題ですが、和解調書や家事調停調書の記載が「養育費として……」と記載されている必要があります。「解決金として……」ではダメです。

　若干異なる点としては、請求債権が期限到来済か未到来（予備差押え）かに応じて「債権差押命令申立書」のタイトルの下に、期限到来済であれば「（扶養義務等に係る確定債権による差押え）」、予備差押えの場合は「（扶養義務等に係る定期金債権による差押え）」と記載する点、そして、請求する債権の種別やパターンに応じて、請求債権目録及び差押債権目録の記載がやや複雑な点です。書式に関しては東京地裁のWebサイト（インフォメーション21）等を参照してください。

　給与等債権の第三者からの情報取得手続については 65 を参照してください。

3　給料等債権の取立権発生時期

　一般債権の差押えの場合、債務者に差押命令が送達されてから1週間の経過で、債権者に取立権が発生しますが、給料等債権の場合、債務者に差押禁止債権の範囲の変更申立て（民執法153条）の機会を付与する観点から、取立権発生までの期間が4週間となっています（同法155条2項）。

61 不動産明渡しの強制執行ってどうやるの?

不動産明渡しの強制執行の流れとやり方を教えてください。

A 不動産明渡事件の手続の大まかな流れは 19 のとおりです。
もう少し詳しく説明しますと、以下のとおりです。

①建物明渡執行

　　執行屋の手配等の事前準備→申立て→(執行官との打合せ)→明
　　渡し催告→(任意明渡交渉)→断行執行→目的外動産の売却

②建物収去土地明渡執行

　　なお、①の手続の先頭には、建物収去命令の申立て(授権決定の
発令)が入ります。

1　執行屋の手配等の事前準備

(1)執行開始要件

　まず、セオリーですが、執行開始要件(→12)として、債務名義に執
行文の付与を受けて、送達証明書を取ります。

(2)執行屋手配

　同時並行で、執行屋(→19)に事件の依頼をします。何の執行をする
かと執行場所を伝えれば最低限OKです。執行屋によっては、この後、
執行申立てまで代行してくれる場合もありますので、その場合は、かな
り楽できます。

　さて、**執行屋のアテがない**という場合ですが、まずは、ボス弁・兄弁・
姉弁、ご学友に聴いてみましょう。それでダメならば、民暴委員会は明
渡執行と親和性が高いため(組事務所の明渡しとか行うので)、ツテを頼っ

て、民暴委員の先生に聞いてみましょう。それでもダメなら、執行官に紹介してもらいましょう。

　執行文等を取って、執行屋の手配が終わったら執行官室に明渡執行の申立てをします。

（3）授権決定

　建物収去土地明渡執行の場合だと、この他に**授権決定**（民執法171条1項1号）を得ておく必要がありますから、建物収去命令の申立てをして、その決定を得ておく必要があります。授権決定は告知（実務上、送達による運用が多い）する必要がありますが、本案訴訟を付郵便送達等で行った場合は、改めて現地調査を実施する必要があります。

2　明渡執行申立て等

　準備が整ったら、対象物件を管轄する地方裁判所の執行官室に明渡執行の申立てを行います。申立書には、執行力ある債務名義等のほか、物件の案内図、物件特定のための図面、債務者調査票（執行官室で用意しているもの。ネットでも拾える）等を添付します。

　これら手続の大まかな費用に関しては**26**を参照してください。

　申立て後、執行官と面接し、あるいは電話で打合せします。東京地裁の執行官室の場合、申立時に面接票を渡されますので、面接希望日の午前8：50~9：20までの間に執行官室の面接票入れに面接票を入れておくと、呼び出しを受けて執行官と面接するという運用になってます。

　執行屋を依頼している場合は、執行屋のほうで打合せを済ませてくれることが多いですが、次の事項に関しては、執行屋にもきちんと伝えておく必要があります。

　執行官と詰めておくべき事項は、対象物件の概要（新旧、管理人の有無等）、債務者の占有状況（現に占有しているのか、他に占有者がいるのか、家族等の占有補助者の存否等）、明渡しの見通し（任意明渡もあり得るか、暴力的抵抗もあり得るか）、占有者属性（反社会的勢力か社会的弱者か）、目的外動産（以下「残置物」とします）の量、明渡催告の実施日時等です。

　債務者（占有者）が反社会的勢力の構成員や、そうでなくとも粗暴性

があるような場合は、事前に警察（所轄がよいでしょう）に相談の上、執行官に**警察への援助要請**（同法6条）を行ってもらいたい旨の上申書を提出します。

債務者（占有者）が生活保護受給世帯や高齢者、病者等の社会的弱者の場合、これも事前に所管する官公庁（市役所の民生課等）に相談の上、執行官に**公官庁への援助要請**（民執法18条）を行ってもらいたい旨の上申書を提出します。

ただ、債務者が高齢で身寄りもない、受入先もない、となると、債権者のほうで受入先等をお膳立てしてあげないと現実に断行執行まで進められない場合もあります。このようなケースでは、受任段階から強制執行まで進めるのか、依頼者とよく協議しておく必要があるでしょう。

3　明渡しの催告

（1）明渡しの催告

申立て後、原則としては2週間以内に（民執規154条の3）、引渡し期限（明渡催告日の1ヶ月後）を定めた上で、債務者に明渡の催告（以下「明渡催告」とします）を行います。その概要は、**19**を参照してください。

（2）代理人の役割

明渡催告では、債権者代理人の立ち会いを求められます。債権者代理人がなすべき事項は次のとおりです。

まず執行官が対象物件を特定できない場合は、図面等をベースに現況を示して、**執行対象の特定を補助**します。

次に、明渡催告は、債務名義上の被告（占有者）と現実の占有者が同一でないとできません。ですので、まず執行官が表札、郵便物等から占有認定を行いますが、これができない場合、その他の資料（事前に準備しておく）を示して**占有認定を補助**します。

最後に、既に債務者が退去済で、残置物もほぼほぼないような場合、執行官は、即日明渡執行（即断行）をしますので（民執法168条3項）、対象物件の引渡しを受けます（同法168条3項。**債権者代理人がいないと即日明渡執行ができない**）。

（3）債務者不在時の措置

　明渡催告時に債務者が不在の場合で、債権者代理人が立ち合っている場合、強制的に解錠して執行官は家屋内に立ち入ることができます（同法168条4項、即日明渡執行の準備行為）。昔は、債権者代理人も中に入れてくれましたが、最近はダメなことが多いです。

　中を見ることで、残置物の量がわかり、作業員の所要人数や所要の保管場所の広さが分かります。債務者の占有が認定でき、即日明渡執行をしない場合、催告書を差し置き、その旨の**公示書を公示**します。

（4）当事者恒定効

　明渡催告には当事者恒定効（→ **21**）があります（同法168条の2第5項～8項）。

4　任意明渡交渉等

（1）任意退去等

　明渡催告は、債務者が不在であれば、上記のとおり、解錠して強制的に立ち入りできるハードなものですし、そうでなくても執行官が債権者代理人と臨場し、期限を切って明渡しを求めるキツ目の手続ですから、債務者が引渡し期限までに退去してしまうことが多いです。

　債務者が律儀に任意明け渡したいと申し出てきた場合は、引渡し期限やライフライン契約の解消、残置物の所有権放棄等を定めた念書等を提出させ、**任意の明渡しを受けて終わり**です。ただ、律儀者は少ないです。

　多いのは、めぼしい動産類は全て持って行って、少量の不要物だけ残して出ていってしまう場合です。この場合は、残置物の量にもよりますが、断行執行の際にそのまま引渡しを受けられる場合もありますし、そうでなくとも執行屋の費用（搬出のための費用と保管費用）は大幅に節約できます。

　出ては行ったが、大量に残置物を残していく場合は、節約効果はあまりありませんが、断行当日の抵抗はないので、スムースに事を運べます。

（2）期限の猶予

　明渡催告後、債務者から、「任意に出て行くから、引渡し期限を延期してほしい」と言われることも、ままあります。

　引渡し期限を延長する場合、執行裁判所の延長許可が必要になりますので（民執法168条の2第4項）、許可されるのかどうかという問題がありますが、それを措くとして、期限の猶予を受け入れるかどうかを検討する必要があります。上記のとおり、**任意に出て行ってくれれば債権者にとってメリットが多い**ですが、単に時間稼ぎされているだけかもしれません。結局のところ債務者をどれだけ信頼できるかによりますが、既に荷物をまとめる等の準備行為が客観的に認められる場合は、受け入れる方向でよいのかと思います。

5　断行執行

　明渡催告の際、執行官と、断行執行の日と段取りを決めます。断行執行の概要は、**19**を参照してください。

　断行執行の当日までに債務者が任意退去している場合は、上記のとおり執行自体はスムースに進みますので、立ち合った債権者代理人としては、作業を眺めていれば基本的にOKです。

　債務者が退去せず、抵抗が予想される場合は、執行官に警察への援助要請をしてもらい、抵抗を排除して執行を進める必要があります。同様に、債務者が社会的弱者の場合は、これも説明したとおり、事前に受入施設等を確保しておかないと**過酷執行として、執行不能**になる可能性もあります。

6　目的外動産（残置物）の売却

（1）残置物が少ない場合

①即時売却

　明渡催告時に、執行官が「断行日に即時売却に適している」と認めた場合、断行日に残置物を即時売却できます（民執法168条5項、民執規154条の2第2項）。「即時売却」といいます。

②即日売却等

　債務者への引渡しが困難と見込まれる場合、高価品でなければ、断行日にその場でまたは一時保管の上で近接日（1週間以内）に残置物を売却できます（同法同条、同規則同条3項）。前者を「即日売却」、後者を「近接日売却」といいます。

（2）残置物が多い場合及び高価品がある場合

　債務者に引き渡すべきものにつき、執行官が保管替えします（同法168条6項）。実際には、執行屋が搬出し、倉庫等で保管します。

　執行官は、保管期限等を定め、期限内に債務者が引き取りに来ればこれを引き渡します。期限までに引き取りがない場合、執行官は、残置物を動産執行の例によって売却します（民執規154条の2第1項）。実際には、執行屋が買い取りを行うことが多いです。売得金から売却・保管費用を充当し、残余があれば債務者のために供託します。

（3）廃棄処理

　債務者が残置物の廃棄を選択（残置物の廃棄承諾書の提出等を含みます）している場合、主観・客観両面から無価値物と認められる場合、保管したが交換価値なしの場合は、廃掃法に基づき、廃棄処分します（通常は執行屋が処理してくれます）。

62 明渡執行時の注意点は?

Q 明渡催告、あるいは断行執行時に注意すべき点を教えてください。

A とにかく、色々な事が起こります。個別に全て事前に対応することは無理でしょうが、とりあえず、当職が経験したことを書いてみます。

1 立ち会い時に持っていると良いもの

　当職が執行立ち会いして、役に立ったものを挙げてみます。

　まず、懐中電灯の類いです。賃料不払解除等の事件ですと、電気が止められているケースも多く、建物等の内部を見聞できる際に役立ちます。

　コンベックス（巻き尺等）。地積、間取りの確認や残置物の容量を量ったりするときに役立ちます。

　冬場のカイロ等の簡易暖房具。長時間外にいるとかなり体が冷えます。

　直近の債務者宛の内容証明郵便と配達証明書等、債務者宛に郵便物が届いたことを証する資料。占有認定の一助になります。

2 経験談

（1）鍵穴が接着剤で塞がれていた

　債務者は不在だったのですが、事前に執行されることが察知されていて、全ての鍵穴に瞬間接着剤が流し込まれガチガチに固められていました。このため、鍵屋さんも鍵を開けることができず、窓から立ち入りしようにもクレセント錠も同様に固められていて開けることもできない状況でした。やむ得ず、すぐに修理する段取りを付けて（費用は債権者負担）、窓を壊して立ち入り、すぐに修理しました。

(2)「特殊な窓だから取り外して引き渡せ」とその場で言われた

　とても特殊な（防弾性能が高い）窓でして、まあ、目的外動産ではあろうと。凄いなと思ったのは、執行屋さんで、予想していたのか高所作業車を持ち込んでいたので、比較的容易に取り外しができて債務者のご要望に応えられました。

(3)対象建物を取り壊したら陰から小屋？　が出てきた

　収去執行で対象建物を取り壊していたら小屋？（プロパンガス置場？）が出てきました。もちろん登記もなく（されていたら対象に含めます）、基礎もない小屋？　でしたので、主たる建物の附属建物（従物）と執行官は認定し、無事執行できました。

(4)ゴミ屋敷だった

　明渡催告に行って、玄関を解錠したら玄関までゴミの山でした。中に入った執行官曰く、「全ての部屋がゴミで埋まっている」と。執行費用（搬出・保管費用）が嵩みますのでなんとかしなければと思っていたら債務者からコンタクトがあったので、残置物の所有権放棄書をもらい、保管費用は削ることができました。それでも廃棄費用に結構なお金がかかりました。

(5)お子さんが1人でいた

　夏に明渡催告に赴き、執行官は呼び鈴を何度も鳴らし、ノックもしましたが反応がないので、解錠して建物内に立ち入ったら、夏休みで在宅していた高校生くらいの子どもが2階に潜んでいました。皆で謝りました。

(6)急病で倒れていた

　これは先輩弁護士からの伝聞です。ちょっとやんちゃな債務者で、明渡催告で中に立ち入ったら、債務者が急病で倒れていて、先輩が119番して緊急搬送されていったとのことです。

63 不作為義務はどのように強制執行する?

Q 街宣活動の差止め訴訟を提起し、無事に勝訴判決が確定しましたが、街宣が止みません。強制執行としてどのような方法が考えられますか?

A 間接強制の方法によります。具体的には、間接強制の申立てを行い、間接強制決定（支払予告決定）の発令を受けます。

この支払予告決定に違反して街宣がなされた場合、支払予告決定を債務名義として強制金につき金銭執行を検討します。

---

1 間接強制

本問のような不作為義務や非代替的作為義務に対する強制執行は、間接強制によります（民執法172条）。

間接強制とは、義務の不履行があった場合、本問に則していえば、差止め判決で禁止された街宣活動を行った場合、1日当たりいくら支払えという形で強制金の支払いを定めることで、**債務者に心理的強制を与えて義務の履行**（街宣しない）を促す強制執行です。

使いどころとしては、子どもと面会交流させる義務（ケースバイケース）、子供を引き渡す義務（同法174条1項2号）、競業避止義務、標章使用禁止義務、周知表示使用禁止義務、通行禁止義務、建築禁止義務、水門を開ける義務等の不履行の場合です。

発信者情報開示命令（→ 47 ）に反して、CP等が開示しない場合、不肖ながら現時点で裁判例にお目に掛かってはいないのですが、おそらく間接強制の方法によることになると思います。

間接強制ですが、残念ながら「無一文だから差押えなんて怖くない」あるいは「金を払えばいいんだろう」という無双の方には効果がなく、実効性に欠ける面はあります。

2　要件

　間接強制を申し立てるに当たり、義務の不履行が必要かという問題があります。本問に則していえば、確定判決後に街宣がされていなくても、いわば予防的に申立てできるかという問題です。

　これに対しては、できる（**義務違反不要**）というのが最高裁決定です（最決平成17年12月9日民集59巻10号2889頁）。ただ、この決定は、高度の蓋然性や急迫性までは必要ないが、違反行為がなされるおそれは立証する必要があるとしています。

3　手続と流れ

　まず、執行開始要件（→**12**）を整えて、債務名義を出した裁判所に申立てします（民執法172条6項、171条2項）。この際、義務違反の事実や違反行為がなされるおそれを立証する証拠も添付することになります。

　間接強制は、要審尋事件ですので（同法172条3項）、審尋期日を開くか、債務者に対する書面審尋を経る必要があります。認容される場合は、間接強制決定（支払予告決定）が発令されます。

　決定発令後に義務違反がなされる場合、本問では街宣行為が続く場合、支払予告決定に基づく強制金が発生しますので、その強制執行（強制競売、債権差押え等）を検討することになります。この場合の金銭執行は、支払予告決定が債務名義になり、当然、執行文の付与を受ける必要があります。ただ、不作為義務の場合、義務違反をいわば条件として強制金が発生することから、執行文は、条件成就執行文（同法27条1項）になり、義務違反の事実を債権者が立証する必要があります。

　取り立てた強制金は、義務違反による損害賠償に充当されますので、債権者がそのままもらえます。強制金の方が実際の損害額より多い場合でも、債権者は、余剰分を債務者に返還する必要はありません。

第 **5** 章

財産開示手続に
関する質問

64　財産開示手続って使えるの?

Q 財産開示手続って使えますか?　使いどころは何ですか?

A 率直に言って、あまり使えません。第三者からの情報取得手続（→ 65）を検討したほうがよいでしょう。

使いどころとしては、財産開示手続の前置が要求されている場合、あるいは財産開示期日で債務者と和解したい場合でしょう。

1　財産開示手続とは

財産開示手続を平たくいいますと、債務者を裁判所に呼んで、財産の存在等を自ら開示させる手続といえます。

ですので、まず債務者が裁判所に来なければ意味がないですし、来ても嘘をつかれたら終わりです。**債務者の善意に依拠している制度**といえるので、悪質な債務者に対しては（財産開示手続を考えなければいけない債務者は、大体悪質です）、ほぼ実効性がないです。

制度新設以来、実効性に欠ける憾みがあると、常々指摘されており、令和2年4月1日施行の改正民執法（以下、改正前の同法を「旧法」とします）では、不出頭、あるいは虚偽陳述に対する制裁が過料から6月以下の懲役又は50万円以下の罰金に強化されました（民執法213条1項5号、6号）。

ただ、初犯であれば罰金刑が想定されるところ、1億円の資産を隠匿できるなら、罰金50万円は安いともいえますし、「刑務所なんぼのもの!」の無双の人であれば、懲役6月と秤にかけてもペイすると考えるともいえます。

ですので、これによって飛躍的に実効性が高まったとの感覚は、少なくとも当職にはありません。

2　財産開示の要件

(1)債務名義等

　大前提として、執行力のある債務名義（→**11**）を有する金銭債権者であることが必要です。旧法では、債務名義に限定（公正証書はダメ等）がありましたが**現行法では全ての債務名義が対象**になります（民執法197条1項）。

　一般の先取特権を有する債権者も、先取特権を有することを証する文書を提出すれば申立て可能です（同条2項）。

(2)期間制限

　原則として、前回財産開示期日から3年間空けないと次の財産開示手続はできません（同法197条3項）。

　ただ、前回開示期日で、債務者が陳述しなかった場合、一部の財産を開示しなかった場合、新財産を取得した場合、債務者と使用者間の雇用契約が終了した場合は、この制限は掛かりません（同条3項各号）。

(3)必要性要件

　財産開示手続で一番重要な要件です。次頁の表1のとおり、1号要件と2号要件があります（同法197条1項1号、2号、同条2項1号、2号。

　1号要件は、配当等まで行われた場合に限定する（限定説）運用です。したがって、差してみたが空振りで、取下げしたという場合は1号要件ではできません。2号要件でやることになります。

　2号要件は、要は、債務者に全額弁済するに足りるだけの資産がない、ということです。一見するとハードルが高く見えますが、疎明でよく（→**8**）、表2のとおり、**運用上、そう高度なものを求められていません**。少なくとも当職は厳しいことを言われたことはないですが、裁判所によっては、補正（追加調査）を求められることもあり得ます。

表1　財産開示手続の要件

号	要　　件	立証	立　証　方　法
1号	強制執行等の配当等の手続（6ヶ月前に終了したもの除外）で、完全な弁済を得られなかったとき	証明	配当表等の謄本、開始決定、差押命令等
2号	知れている財産に強制執行等しても、完全な弁済を得られないこと	疎明	財産調査報告書（概要は表2）

表2　財産と調査の概要

財　　産	債 務 者	調査の概要
不動産	共通	居住地、所在地（本店、支店）等の不動産を調査したが、これを所有していないこと、あるいは所有していても無剰余であること。
債　　権	法人・個人共通	預貯金口座を調査したが不明であるか、あるいは残額では完全な弁済が得られないこと。
	法人・個人事業者	営業内容から通常予想される債権について調査したが、完全な弁済を得られる財産が判明しなかったこと。
	個人	勤務先を調査したが不明であるか、あるいは給料等のみでは完全な弁済を得られないこと。
動産、その他	共通	不明であるか、あるいは価値がないこと。

3　手続の流れ

（1）実施決定確定まで

　申立て後、約1〜3週間程で実施決定が発令されます（民執法197条1項）。決定は、債務者に送達され、確定により効力を有します（同条4〜6項）。

　債務者送達が先行しますので、この時点で債務者にバレて資産隠匿等が行われるリスクがあります。

（2）財産開示期日まで

　決定が確定すると、財産開示期日を決定し、債務者と債権者に呼出状を発します（同法198条）。債務者には併せて財産目録の提出とその提出

期限（財産開示期日の10日ほど前）が通知されます（民執規183条）。債務者が事前に財産目録を提出すれば、債権者としてはそれを謄写します。債務者がちゃんと書いてくれればこれだけで目的を達成し得ます。

(3)財産開示期日

開示期日に債務者が出頭するかどうか、当職の経験では半々程度です。統計的にもその程度のようです。来なければこれで終わりです。

来た場合、債務者に宣誓させた上で、裁判官が事前提出された財産目録に沿って質問します（民執法199条1〜3項）。当職の感覚ですが、通り一遍な質問のような気がします。

その後、裁判官から「債権者（代理人）のほうで質問はありますか？」と大体いわれるので、質問します（同条4項）。でも、弾劾証拠がない状況下の反対尋問みたいなものですから、これで財産を聴き出すのは至難の業です。

これで終わりです。

---

4 使いどころ

今まで説明したとおり、当職の感覚ではあまり実効性がある手続ではないです。そもそも債務者の所在が不明であったり、訴訟も欠席判決だったなど出頭が期待できない場合はする意味がないです。

債務者が財産開示期日に出頭している場合、裁判官が和解を進めてくれる場合もありますし、そうでなくともこちらから話を切り出すこともできるので、**和解したい場合に財産開示手続を利用する**という使い方はあります。

他の使いどころとしては、第三者からの情報取得手続（→ 65 ）として不動産 or 給与等に関する情報取得を行う場合は、財産開示手続を前置させる必要があるので（民執法205条2項）、その**要件充足のため**の利用があります。

 **65**

「第三者からの情報取得手続」って何?

Q 第三者からの情報取得手続とはどのようなものですか?

A 令和2年4月1日施行の改正民執法（以下、改正前の同法を「旧法」とします）で新設された手続です。

財産開示手続（→ **64**）が、債務者から財産関係の情報を得る制度であったのに対し、第三者に債務者に関する財産関係情報を提供させる点に特色があります。

ただ、あらゆる第三者に対して使えるわけではなく、債権の種類によって対象となる取得情報が限定されたり、手続的制限が加えられる場合もあります。

---

1 第三者からの情報取得手続とは

回答にあるとおり、債権者が、第三者から債務者に関する財産関係の情報を取得する手続です。取得できる情報は、不動産情報（いわゆる名寄せ。民執法205条）、給与等情報（同法206条）と預貯金・振替社債等（証券口座）情報（同法207条）の3種類だけです。

実効性に関して、当職は、預貯金情報だけは腐るほどやってきましたが、全ての金融機関から回答をもらうことができました。預金情報に関しては、小口ではあるが、ヒットすることも多い、稀にメガヒット（債権額を超える預金残高）があった、という感じです。うまく使えば利用価値はあり、実効性もある制度だと思います。

第三者からの情報取得の概要をまとめると、次の表のとおりです。なお、預貯金等情報の申立てが全体の9割以上を占めるとのことです。

種別	提供機関	提供情報	請求権	財産開示前置
不動産に係る情報（民執法205条）	東京法務局（法務省令）	・債務者が所有権の名義人である土地・建物等の存否 ・存在するときは特定するに足りる事項	・全ての請求権 ・一般先取特権	必要（3年以内）
給与債権に係る情報（同法206条）	市町村（同条1項1号）	・給与支払者の存否 ・存在するときは、その氏名・名称及び住所	・養育費・婚費等 ・損害賠償請求権（生命・身体）	必要（3年以内）
	日本年金機構、各種共済組合等（同条1項2号）	・報酬、賞与支払者の存否 ・存在するときは、その氏名・名称及び住所		
預貯金債権等に係る情報（同法207条）	銀行、信金・信組等（同条1項1号）	・預貯金の存否 ・存在するときは、支店等、種別、口座番号、額	・全ての請求権 ・一般先取特権	不要
	振替機関（証券会社等）（同条1項2号）	・振替口座に記載された上場株式等の存否 ・存在するときは、銘柄、額又は数		

2 各手続の特色

(1) 預貯金等（民執法207条）

　請求債権に制限なく、財産開示前置も不要なオールマイティ手続です。加えて、債務者に情報提供命令を事前に送達する必要がないので（同条は、同法205条3〜5項を準用していない）、**密行性に優れます**。

(2) 不動産（同法205条）

　請求債権に制限はないですが、**財産開示前置が必要**です（同条2項）。加えて、情報提供命令の確定により効力が発生することから（同条3〜5項）、事前に債務者にバレ、資産隠匿工作等がされるおそれがあります。

　なお、登録が必要で有料サービス（そんなに高くない）になりますが、「登記簿図書館」というサービスでも、一定の名寄せ（網羅的でない）は可能です。

(3) 給与等（同法206条）

　使える**債権が限定的**です。**財産開示前置も必要**ですし（同条2項）、情報提供命令の確定も必要なため、上記と同様のリスクがあります。

66 預貯金に対する第三者からの情報取得手続ってどうやるの?

Q 預貯金に対する第三者からの情報取得手続のやり方や流れを教えてください。

A アバウトには、次のとおりです。
申立て→情報提供命令発令→銀行等からの情報提供書（回答）返戻→債務者への情報提供通知

1　申立て

（1）要件

　要件としては、財産開示手続（→64）と同じです。

　2号要件で実施する場合、財産調査報告書（後記2参照）の添付が必要で、その運用も財産開示手続と同じです。**高度な探索的調査までは不要**ですが、1回だけやたら厳しい裁判所に当たり、「債務者に連絡して勤務先を確認しろ、できない場合はその理由を書け」と言われたことがあります。それを求められると、手続の密行性（→65）が担保できなくなると思います。

（2）申立書

　書式は、東京地裁のWebサイトを参照してください。

https://www.courts.go.jp/tokyo/saiban/minzi_section21/
zaisankaizi/index.html

　この書式が全国的に使われているようですが、裁判所によって、細かい点の修正を求められることがあります（「第三者目録」とタイトル付けるように、等の修正です）。

（3）対象とする金融機関の選定

　これが手続の肝です。

　1通の申立てで、全国津々浦々の金融機関（ざっと数えてみたら1000行以上あります）に網羅的に情報提供を命じる制度ではないので、債権者の方で、**どの金融機関を対象とするか（どこに預金がありそうか）、目星を付けておく必要**があります。ここが悩みどころですが、その考え方の一例を示せば、次のとおりです。ⅱは、生活圏をベースに、金融機関の種別に応じて、いくつか抽出していくという考え方です。

　ⅰ　給料振込口座や各種代金、料金等の送金口座、Webサイト記載
　　　の取引銀行、その他の状況からある程度取引金融機関が分かってい
　　　る、あるいは推測できる場合はその金融機関。

　ⅱ　全く目処がない、あるいはⅰの補足として、地域の実情（都市部
　　　か地方か、店舗数が多い金融機関はどこか）、債務者の属性（個人か個
　　　人事業者か法人か）等でウエイトを加味しつつ、次のa～eのグルー
　　　プからそれぞれ1行～数行をチョイスして、総数として10行程度を
　　　選定する。予算的に許容できるならもっと増やしてもよいでしょう。

　　　a　ゆうちょ銀行

　　　b　メガバンク（都市銀行）

　　　c　住所地・勤務先の地銀・第二地銀

　　　d　住所地・勤務先の信用金庫・信用組合・労金・JAバンク

　　　e　ネット銀行（主に個人の場合）

（4）債務者の特定に資する情報

　これも重要です。

　金融機関は、氏名、生年月日、住所で預金当口座の有無を照会しますが、現在の氏名等だけでは、旧姓で開設した口座、旧住所で開設した口座がヒットしない（債務者との同一性を確認できない）場合があります。

　ですので、債務者の特定に資する情報として、**旧姓や旧住所**がないか、戸籍、あるいは戸籍附票等を取り寄せて調査し、ある場合は可能な限りこれら情報を申立書（当事者目録）に記載して、漏れがないようにします。

(5)費用

①手数料

　手数料（印紙代）は、1000円／申立て1個です。単位は、債権者の数です。債務者が複数いる場合は、申立書を債務者ごとに分けますので、複数個になります。

②予納金

　予納金は、裁判所によってまちまちなのですが、東京地裁と同じというところが多いので、東京地裁での基準を示すと、次のとおりです。

　　基本　　　　　　　　　　　　　　　：5000円
　　第三者（金融機関）が1行増える毎に：4000円

③郵券類

　申立人代理人の宛名を書いた94円切手を添付した封筒を第三者の数だけ提出します。情報提供書（回答）送付用です。

(6)債務名義の還付請求

　申立てに必須ではないですが、預金の存在が判明した場合、すぐに差せるように、申立てと併せて**債務名義の還付請求**をしておきます。

2　情報提供命令の発令

　申立て後、1～3週間程度で情報提供命令が発令され（民執法208条1項）、第三者（金融機関）と債権者に告知されます（民執規188条）。

　この際、上記の債務名義還付請求をしておけば、情報提供命令と一緒に債務名義も裁判所から送られてきます。

　第三者（金融機関）には、情報提供命令と一緒に情報提供書という書面が同封されます。この情報提供書を裁判所と申立人に送付して、預貯金の存否等を回答することとなります。

3　情報提供書の返戻

　情報提供命令発令後、早ければ数日後くらいから、情報提供書が第三者（金融機関）から、あるいは裁判所経由で送られてきます。

情報提供書の提出期限は法定されていませんが、裁判所的には、２週間以内の提出を求める運用です。大体、２週間以内に返ってきますが、中には１ヶ月以上掛ける第三者（金融機関）もいます。

　情報提供書には、預貯金の存否がまず回答されますので、これで一喜一憂します。アリの場合は、支店、口座、残高まで回答してくれますが、３円とか209円とか明らかに休眠口座と思われるものがヒットすることが多いです。

4　債権差押え

(1)タイミング

　まとまった金額がヒットした場合、当然に預貯金の差押えをするのですが、タイミングを計るのが中々難しいです。**発見・即差押えが基本**ですが、五月雨式に情報提供書が返ってくるので、全回答を待ってから差した方が効率が良いのです。

　当職の経験に過ぎませんが、普通預金がヒットした場合、即差押えするのですが、残高が情報提供書の残高より減っているケースばかりでした（逆もあるはずですが……）。なので、そこそこ大きな普通預金口座がヒットした場合は、即差押えしたほうが安全です。

(2)情報提供通知

　裁判所の運用として、最後に情報提供書が返戻（回答）されてから、１ヶ月後に情報提供通知を債務者に送達します（条文的には告知でよいのですが、告知でやっているのは１庁だけでした）。従って、最後の回答まで待っていた場合、１ヶ月以内に差さないと、債務者に感づかれて、預貯金を引き出され残高０円になるおそれがあります。

●著者紹介

野村　創（のむら・はじめ）

〈略歴〉

1993年　明治大学文学部史学地理学科地理学専攻卒業　法務省入省
1995年　司法試験合格
1998年　弁護士登録（第二東京弁護士会）
2009年〜2011年　司法試験考査委員（行政法）

〈主要著書〉

単著

『事例に学ぶ保全・執行入門』（民事法研究会、2013年）
『失敗事例でわかる！　民事保全・執行のゴールデンルール30』（学陽書房、
2020年）
『事例に学ぶ行政事件訴訟入門［第2版］』（民事法研究会、2021年）

共著

『Q＆A改正担保・執行法の要点』（新日本法規、2003年）
『事例に学ぶ離婚事件入門』（民事法研究会、2013年）
『事例に学ぶ債務整理入門』（民事法研究会、2014年）
『事例に学ぶ相続事件入門』（民事法研究会、2015年）
『行政書士のための行政法［第2版]』（日本評論社、2016年）
『事例に学ぶ労働事件入門』（民事法研究会、2016年）
『事例に学ぶ交通事故事件入門』（民事法研究会、2016年）
『事例に学ぶ契約関係事件入門』（民事法研究会、2017年）
『行政書士のための労働契約の基礎』（日本評論社、2017年）
『事例に学ぶ損害賠償事件入門』（民事法研究会、2018年）
『リサイクルの法と実例』（三協法規出版、2019年）
『行政書士のための要件事実の基礎［第2版］』（日本評論社、2020年）
『失敗事例でわかる！　離婚事件のゴールデンルール30』（学陽書房、2021年）
『失敗事例でわかる！　民事尋問のゴールデンルール30』（学陽書房、2023年）

実務の悩みに答えます！
民事保全・執行まるごとＱ＆Ａ

2023 年 10 月 25 日　初版発行

著　者　　野村　創
　　　　　（の むら　はじめ）
発行者　　佐久間重嘉
発行所　　学　陽　書　房

　　　〒102-0072　東京都千代田区飯田橋1-9-3
　　　営業部　TEL03-3261-1111　FAX03-5211-3300
　　　編集部　TEL03-3261-1112
　　　http://www.gakuyo.co.jp/

　　　ブックデザイン／LIKE A DESIGN（渡邉雄哉）
　　　DTP制作・印刷／加藤文明社　　製本／東京美術紙工

上手い尋問と下手な尋問の違いとは？

経験豊富な弁護士が持っている 30 の暗黙知！ 「主尋問」「反対尋問」「陳述書」「専門家質問」「異議の出し方」などの様々な失敗事例を基に、失敗の原因と、効果的な尋問例を解説！

失敗事例でわかる！

民事尋問の
ゴールデンルール
30

藤代浩則・野村 創・
野中英匡・城石 惣・田附周平 [著]

立証がブレず、相手を逃さない、
実務の基本作法！

学陽書房

失敗事例でわかる！
民事尋問のゴールデンルール 30

藤代浩則・野村 創・野中英匡・城石 惣・田附周平 ［著］
A5 判並製／定価 3,300 円（10％税込）